ELMAR MÜLLER   DON BOSCO

Das TROMMEL

ErlebnisBuch FÜR KINDER

Klanggeschichten und Rhythmusexperimente

Bibliografische Information Der Deutschen Bibliothek

Die Deutsche Bibliothek verzeichnet diese Publikation in der
Deutschen Nationalbibliografie; detaillierte bibliografische
Daten sind im Internet über <http://dnb.ddb.de> abrufbar.

1. Auflage 2003 / ISBN 3-7698-1225-5
© 2003 Don Bosco Verlag, München
Umschlaggestaltung: Margret Russer
Titelfoto: Elmar Müller
Fotos: Elmar Müller (S. 9, 63, 75, 78, 86, 87, 97, 109, 114, 119, 123, 137, 151),
        Katharina Hennecke (S. 15, 33, 39, 57, 58), Detlef Ohl (S. 42)
Illustrationen: Silke Maschning
Satz: undercover, Augsburg
Produktion: Don Bosco Grafischer Betrieb, Ensdorf

Gedruckt auf umweltfreundlichem Papier

DON BOSCO
VERLAG

Meinem Sohn Joris und meiner Tochter Merle

Inhalt

Begrüßung

Drei göttliche Wesen nahmen uns unsere Sorgen ab,
es waren Trommel, Tanz und Gesang.
Amos Tutuola, in: Tanzen zwischen Himmel und Hölle, arbor

Das TrommelErlebnisBuch ist ein pädagogisches Hand-Buch. Es steckt voller Lautmalerei und möchte Lust machen auf einen kreativen Umgang mit Rhythmen, Klängen und Trommeln. Es möchte vermitteln, wie viel Spaß es machen kann, mit rhythmischen Bewegungen, mit leisen Tönen, mit klingenden Pulsen und auch mal mit krachendem Durcheinander zu spielen. Diese klingenden Hand-Greiflichkeiten sollen hervorgelockt werden durch Silben, Gedichte, Geschichten und Fantasien. Sie werden erzählt und möglichst spontan und impulsiv nachempfunden.

„Nakatanakita - taritarikita - nakatanakita -...“ [1]

Trommelschüler in Indien müssen allein mit der Stimme jahrelang die Trommelsprache büffeln. Erst dann bekommen sie ein Instrument in die Hände. Dieses Buch geht einen anderen Weg. Es soll gleich damit losgehen, spielerisch Erfahrungen zu sammeln, sich vertraut zu machen mit dem Rhythmischen und mit Trommeln.

„Gengeleng dege gengeleng dege gengeleng“ [2]

Große und Kleine können sich auf den Weg machen und unterwegs die verschiedenartigsten Spielgeschichten oder die Spiele aus einer Sammlung auflesen. Aber auch kleine Berichte, Exkurse, sogar Bauanleitungen und eine Unzahl an Tipps lassen sich am Wegrand finden.
Praxisnahe Hilfen und anregende Ideen sind hier für viele pädagogische Arbeitsfelder, ob Unterricht, Freizeit, Selbsterfahrung ... zusammengestellt. Pädagogen und Eltern können das Buch zur Hand nehmen und die Ideen mit Groß und Klein ausprobieren. Die Spiele sind für Kinder ab ca. 5 Jahren geeignet und sollten in kleinen Gruppen durchgeführt werden.

„Hehüdühüdü – dihudelhuhoho – hehüdü – hüdihaho!“ [3]

Ich wünsche viel Freude mit diesem Buch.
Elmar Müller

I. Rhythmus heißt Leben

Alles Lebendige pulsiert, das ganze Universum pulsiert. Es gliche einem Trommelorchester, wenn man es für alle hörbar machen könnte.[4] Rhythmisch sind auch die Wiederholungen des Lebens auf unserem Planeten, der Wechsel von Warm- und Kaltperioden, Tag und Nacht. Pflanzen und Tiere entfalten ihr Leben in natürlichen Prozessen aus wiederkehrenden Abläufen. Sämtliche natürliche Fortbewegung entsteht durch beständigen Wechsel, – vom Flügelschlag des Kolibris bis zum bedächtigen Klettern des Faultiers.

Wir sind durchdrungen von Rhythmen: Die Zellenbewegungen, die Pulse in den Nervenbahnen, die Atemfrequenz, der Herzschlag, die Verdauungsprozesse, Schlafen und Wachen (Biorhythmen).
Wir werden gebettet in Rhythmus und Klang: Vom Pulsschlag, der schon im Mutterleib tönt, über das Gehen und Wiegen, das Tanzen und Singen, Wortspiele, Tagesabläufe, Arbeitsabläufe, das ganze Flöten und Bellen, Sirren und Brummen, Knattern und Rattern in unserer Mitwelt.

Rhythmus heißt kreisen und wiederkehren. Rhythmus heißt „nichts-geht-verloren", Rhythmus heißt Bewegung und Wechsel. Alles Starre verkümmert. Verliert das Leben den rhythmischen Charakter, geht es immer nur nach vorn, auf ein vermeintliches Ziel hin, dann gerät Leben aus den Fugen. Ohne den gleichmäßigen Wechsel aus aktiven Phasen und Erholungszeiten etwa schwinden die Lebenskräfte.
Aber Rhythmen verändern sich, müssen sich selbst mit Zuständen von Chaos wechseln. Ein gesunder Herzschlag soll immer wieder arrhythmische Phasen aufweisen. Chaos ist die Chance für Neues. Aus dem Rhythmus fallen bedeutet

Unsicherheit, aber auch Suchen, Umblicken und einen neuen, vielleicht geeigneteren Rhythmus finden.

Durch die bewusste Gestaltung von Rhythmus entdecken wir seine wohltuende Wirkung wieder, weil wir uns einfügen in ein fundamentales Lebensprinzip, weil wir anknüpfen an eine uralte Weisheit, weil wir ihn als Energiespende und auch Energiesparweise spüren und ihn als Hilfe zur Konzentration und Kreativität erfahren.

Das Spiel mit Rhythmen bringt uns näher an unser aktuelles Lebensgefühl, näher an unsere Empfindungen, Äußerungen und Beziehungen.

II. Mit Trommeln sprechen

1. Trommeln in pädagogischen Arbeitsfeldern

Unser staunender Blick auf die faszinierenden Kulturen der Welt und persönliche Erfahrungen mit ihnen werden durch die mediale Vernetzung, durch Reisen und Berichte immer besser möglich. Trommelmusik gilt nicht mehr als „Negermusik" und hat längst respektvollen Einzug gehalten in unsere westliche Musikkultur. Trommelrhythmen ertönen in Perkussionsgruppen, in der Musik unzähliger Rock-, Funk-, Jazz-Bands, selbst in Chören und moderner klassischer Musik. Trommelspiel wird in zahlreichen Musikkursen und Ausbildungsgruppen vermittelt.

Trommeln kommen aber auch in pädagogischen Zusammenhängen zum Einsatz, denn mehr und mehr werden ihre vielseitigen Möglichkeiten als Medium erkannt. Nach meiner Kenntnis benutzt man Trommeln in Kindergärten, in Sonderschulen, in Grundschulen, beispielsweise als kleines, aber beständiges

10

Element des Schulunterrichts oder rückt sie in den Mittelpunkt von Projekten und Arbeitsgemeinschaften. Außerschulische Bildungseinrichtungen (Volkshochschulen, Musikschulen, Kunstschulen und Freizeitstätten) bieten schon seit vielen Jahren Trommelunterricht und spielerische Erfahrungen mit Trommeln und Rhythmus für verschiedene Altersgruppen an. Um das Orffsche Instrumentarium herum gruppieren sich nun auch traditionelle Klang- und Schlaginstrumente aus den verschiedensten Kulturen. Trommeln, etwa aus dem Schlagzeug, werden umfunktioniert und neue auf fantasievolle Weise gebaut, um damit, wie etwa in der musikalischen Früherziehung, erste musikalische Erfahrungen zu ermöglichen.

Rhythmus und Trommelspiel haben in der pädagogischen Arbeit einen hohen Stellenwert:

- Da Trommeln in aller Regel robuste Instrumente sind und für den Zweck dieses Buches keine filigrane Spieltechnik erfordern, eignen sie sich hervorragend für selbstbestimmte, freie musikalische Gestaltungen und unterstützen so die Kreativität und Fantasie des Spielers.
- Trommelspiel kann als besonders körperorientiertes Musizieren gewertet werden. Zum Anschlagen der Trommel wird fast der ganze Körper in Bewegung gesetzt. Entstehen durch diese Bewegung klangliche Schwingungen, stiften diese wiederum an zu Bewegung, z.B. zum Tanz. Die Körpererfahrung ist gekoppelt an eine deutlich spürbare Zeitwahrnehmung (rhythmische Abläufe, Zeitdauern musikalischer Phasen, Tempogestaltung ...) und Raumwahrnehmung (raumgreifende Trommelschläge, klangliches Ausfüllen von Raum, Bewegungsabläufe im Klangraum ...).
- Angeleitetes Trommelspiel kann eine spielerische und wirkungsvolle Koordinationsschulung sein. In Verbindung mit Sprache (Laute, Silben, Sätze ... die in Rhythmus und Klang umgesetzt werden) bietet es sich als Methode in der Hör- und Sprachbildung an.
- Das Spiel von Trommeln und anderen Klangkörpern als impulsives, lustvolles Tun kann einen Ausgleich bilden zu kognitiver und disziplinierter Arbeit. Wird andererseits ein Schwerpunkt auf einfaches rhythmisches Spiel gelegt, unterstützt dieses Trommelspiel die Fähigkeit zu Konzentration und Sammlung.
- Trommelspiel in einer Gruppe oder auch in einem Duo erfordert und erweitert soziale Fähigkeiten. Es fördert Kommunikation und Interaktion und stärkt die soziale Verbundenheit über das musikalische Geschehen. Dies wird sowohl im polyrhythmischen (verschiedene Rhythmen werden dabei gleichzeitig gespielt) als auch im improvisierten Spiel deutlich. Rhythmisches Spiel fordert auf, einen bestimmten Platz einzu-

nehmen (z.B. die tiefe Trommel langsam spielen), spezifische Aufgaben und Verantwortungen zu übernehmen (z.B. dirigieren, führen), sich einzugliedern, Möglichkeiten der Einflussnahme und der Unterstützung zu erkennen und diese auszuwählen.

◉ Trommeln in Selbsterfahrung und Therapie bieten sich an als vielseitige Ausdrucksinstrumente, über die „ich etwas von mir hören lassen" kann. Sie eignen sich als unempfindliche Gegenüber, die einen vor-sozialen Kontakt ermöglichen und als Vermittler fungieren können. Durch die musikalische Improvisation mit Trommeln und Klanginstrumenten können beispielsweise Gefühle und biographische Themen angesprochen werden, die im weiteren Verlauf immer wieder mit der Hilfe der Instrumente ihren Ausdruck finden.

2. Beispiele für Inhalte und Themen

◉ *Musik:* Trommeln und Rhythmusmachen geht leicht von der Hand, benötigt keine Notenkenntnisse und ermöglicht so einen einfachen Einstieg in das Erfahren und Üben musikalischer Geschehnisse. Trommeln gewähren darüber hinaus aber auch einen tiefgehenden Einblick in rhythmische Aspekte von Musik.

◉ *Instrumente:* Trommeln kann man auf allem, was einen gewissen Widerstand und Resonanz bietet. Einfache Trommelinstrumente können leicht selbst gefertigt werden. Die Auseinandersetzung damit vermittelt basale Kenntnisse über die Funktionsweise von Musikinstrumenten.

◉ *Musik machen:* Beispielsweise eignen sich selbstgefertigte (Lied-)Texte, die mit einem rhythmischen Trommelspiel auf einfache Weise musikalisch unterlegt werden können, als Ausdrucksmöglichkeit aktueller Lebenserfahrungen.

◉ *Kulturen:* Vor allem traditionelle Trommeln erzählen von anderen Zeiten, Ländern und Kulturen und auch von unserer Verbindung mit ihnen. Sie bringen uns Menschen mit anderen Lebensansichten näher. Insofern eignen sie sich als Dreh- und Angelpunkt interkultureller Arbeit.

◉ *Themen des Lebens:* Trommeln wurden und werden in der ganzen Welt zu wesentlichen Ereignissen des Lebens geschlagen. Mit ihrer Musik stellen sie eine einprägsame und spürbare Verbindung des Einzelnen zu herausragenden Lebensabschnitten und Geschehnissen einer Gesellschaft her: zur Geburt und zum Tod, zu Not und Befreiung, zur Initiation und zu religiösen Ereignissen, zur Jagd, zum Krieg, zur Ernte, zu Feiern aller Art.

III. Der Weg der Trommel

1. Trumme

Die Trommel verbreitete sich in fast allen Teilen der Welt und wurde mancherorts auch wieder verdrängt. Sie wurde geachtet und verachtet und doch ging und geht noch immer eine große Faszination von ihr aus. So sehr, dass Mickey Hart schreiben kann: *„Auf diesem blaugrünen Planeten herrscht ein unwiderstehlicher Drang zu trommeln."*

Im engeren Sinne zählen Trommeln zu den sogenannten Membranophonen (Fellklinger), was bedeutet, das der Ton durch die Vibration einer gespannten Membran entsteht. Unter dieser Membran existiert ein abgegrenzter Luftraum, das ist der Resonanzkörper. Als Membran wurde zunächst wohl Fisch-, Schlangen- oder Eidechsenhaut, viel später dann gegerbte Tierhaut verwendet.

Vorläufer von Trommeln kann man heute noch entdecken: Stampfstäbe in Afrika/Australien, lederne Umhänge, zusammengerollt und beschlagen (Australien), ausgehöhlte Baumstämme, Schlitztrommeln (Afrika), auf in die Erde gerammte Pfähle wird eine Ochsenhaut gespannt und angeschlagen (Xhosa, Südafrika), über eine Topföffnung wird eine Ziegenhaut gehalten und gespannt, während eine weitere Person darauf spielt (Swazi, Afrika) und einiges mehr.[5]

Das Wort „Trommel" leitet sich ab vom althochdeutschen „trumba" oder dem mittelhochdeutschen „trumme". Es handelt sich eben um das Instrument, welches „trumm" macht.

Seit mindestens 4000 Jahren scheinen Trommeln zu existieren, da es bildliche Darstellungen von ihnen in vorderasiatischen Kulturen gibt. (1)

In Zentralafrika, Persien und Indien blühte die „Trommelkultur", entstand ein unübersehbarer Reichtum an Instrumenten und entwickelte sich die rhythmische Musik zu einer hohen Kunst.[6]

Die rhythmische Musik in Europa und ihre Instrumente wurden im Laufe der Geschichte zunehmend zurück gedrängt. Ihre Musik stützte sich mehr auf die Melodie und entsprechende Melodieinstrumente. (2)

„Die Rhythmik wurde eingeschränkt, sozusagen begradigt und die Trommeln, Zymbeln und Pauken kamen zumeist als negatives militärisch-kriegerisches Element zum Einsatz und werden nicht nur deswegen heute noch diskriminiert." [7]

2. „Mit Pauken und Trompeten"

Im deutschen Sprachraum wurde zwischen Pauke und Trommel nicht streng unterschieden. Im 11. – 13. Jahrhundert lernten die Kreuzritter Pauken bei den Sarazenen kennen und brachten sie von dort als Beutestücke mit. Zusammen mit Trompeten wurden sie zunächst für vornehme militärische Zwecke verwendet. Später wurden Trommeln und Pauken zunehmend gering geschätzt. *„Das synd gar ungeheur Rumpelfesser ... , der Teufel hab die erdacht und gemacht."* [8]

Das negative Image erhielten sie eben durch ihre Verbindung zum Krieg. In den Redewendungen „der Trommel folgen", „zusammentrommeln" ... ist dies noch lebendig. Es gab eine Verbindung zum Tod (Trommelschlag bei Hinrichtungen – der Tod wird mit Trommeln dargestellt) und dem „niedrigen Volk", der fahrenden, der pfeifenden und trommelnden Landsknechte. (3)
Gleichzeitig wurden zunehmend die geistigen und geistlichen Elemente einer „höher stehenden" Musik ohne Trommeln und besonderen Rhythmus betont. Michael Praetorius zählt (1619) die Trommeln zu den *„Lumpeninstrumenten"* die zu der eigentlichen Musik nicht gehören.
Durch die sehr rhythmische türkische Janitscharenmusik (die Türken belagern Wien 1526) gelangen neue rhythmische Elemente und Trommeln mit Becken und Triangeln in die europäische Marschmusik. Triangeln sind im frühen Mittelalter auch als Instrumente der Bettler und fahrenden Spielleute bekannt. Es tauchen in der Folgezeit auf: die kleine Spielmannstrommel („ein klein peücklin", S. Virding), die mittelgroße Soldatentrommel und die große Trommel.

Während sich der Gebrauch von Trommeln in Europa einseitig für kriegerische Zwecke durchgesetzt hat, werden sie in der übrigen Welt sehr vielfältig eingesetzt: Zu festlichen Anlässen aller Art, bei religiösen und rituellen Handlungen (Afrika, Lateinamerika), z.B. im Schamanismus (Sibirien) oder zu Heilungszwecken (Afrika), als Kommunikationsmittel und so weiter.
Entsprechend ihrer vielfältigen Aufgaben haben sich auf den Kontinenten auch vielfältige Trommeln entwickelt, die im Aussehen, Klang und ihrer Spielweise dem Zweck genau angepasst wurden. Ganz grob lassen sie sich zusammenfassen zu zylindrischen und konischen Trommeln, zu Reibtrommeln oder Fass-, Becher-, Gefäß-, Rahmen-, Sanduhrtrommeln, die mit der bloßen Hand oder/ und mit Schlägeln gespielt werden. Unzählige weitere Instrumente haben die Trommel auf ihrem Weg begleitet. Dies sind die Schüttelinstrumente, sogenannte Rasseln, die Schrapinstrumente (Ratschen, Reiben), die Gegenschlaginstrumente (Klanghölzer) und die Selbstklinger, zum Beispiel metallene Glocken. Amboss und Donnerblech etwa werden seit der Antike als Musikinstrumente erwähnt.

Mit dem Beginn des 20. Jahrhunderts öffnete sich Europa ganz allmählich der außereuropäischen, perkussiven Musik. Ein Wegbereiter war u.a. Carl Orff. Zunächst in der Kunstmusik und dann zunehmend in der Unterhaltungsmusik entstanden durch diesen Einfluss neue musikalische Stilrichtungen.

In unserer Zeit der weltweiten Reisen, Vernetzungen und Berichterstattungen scheinen sibirische Schamanen gleich nebenan zu wohnen. Wir hören, tanzen und trommeln die Musik aus Burundi und reich verzierte Trommeln aus aller Welt stehen spielbereit in unseren Wohnzimmern.

(1) Die erste Abbildung einer Trommel vermutet man an der Wand eines Sakralraumes in Çatal Hüyük (Kleinasien, ca. 5500 v.u.Z.). Es soll sich um eine Rahmentrommel handeln, die in einem schamanistischen Ritual verwendet wurde.[9]
(2) Das frühmittelalterliche Christentum schätzt die Vokalmusik und unterscheidet in der Instrumentalmusik die geduldeten (Harfe, „Zink", ein lieblich klingendes Blasinstrument, Glocken) und die nicht geduldeten Instrumente (Horn, Trommel, Rassel, Fiedel).
(3) Die Musik der Fahrenden (Verbündete des Teufels) mit Trommeln und Fiedeln wird so geächtet, wie die Komödianten und Spielleute selbst. Sie haben sich aber eine Regel gegeben: *„Wisse gut zu erfinden und zu reimen und im Wettstreit gut aufzugeben. Wisse Trommel und Cymbal frisch zu rühren und die Bauernleier wohl zu spielen ..."* [10]

IV. Spielen mit Rhythmus und Klängen

1. Körpereigene Rhythmen erfahren

„Während ihrer religiösen Zeremonien spielen die Lakota-Indianer Nordamerikas auf großen Rahmentrommeln. Die Trommel ist ihnen heilig. Ihre runde Gestalt verkörpert das gesamte Universum. Der gleichmäßige Schlag auf ihrem Fell lässt einen kräftigen Puls erklingen. Dieser wiederum soll das Herz verkörpern, welches in der Mitte des Universums schlägt.“[11]

Den Herzschlag spüren

Zunächst immer mit einem bewegungsintensiven Spiel beginnen.

- 👁 Anschließend mit der flachen Hand den eigenen Herzschlag fühlen. Wie fühlt es sich an? Welchen Rhythmus spürt man? Wie könnte er sich anhören? Mit der Stimme imitieren, oder mit einem Klangstab hörbar machen.
- 👁 Den Herzschlag zu zweit/dritt hören: Mit dem Ohr auf der Brust des anderen liegen und tönen, was zu hören ist.
- 👁 Den eigenen Herzschlag fühlen und ein 2-silbiges Wort, z.B. „Bo-gu, herz-lich, Son-ne, Wär-me …“ dazu sprechen.
- 👁 Manchmal fühlt man eine kleine Pause nach 2 Herzschlägen. So entsteht eine Dreier-Pulsation, die sich mit einem 3-silbigen Wort vokalisieren lässt, z.B.: „Ba-ma-ku, scha-ba-du, ka-ka-du, Herz-lich-keit …“ Die letzte Silbe wird dann nicht geschlagen oder geklatscht.
- 👁 Zu einem dreisilbigen Wort im Dreier-Rhythmus etwas Imaginäres (Baby, Äffchen) mit den Armen schaukeln. Im Kreis sitzend Arm in Arm „schunkeln“. Wie fühlt sich das an?

Den Puls fühlen und hörbar machen

Für einen deutlichen und schnellen Puls zunächst mit einem bewegungsintensiven Spiel beginnen, aber auch den ruhigen Puls erfahrbar werden lassen.

- Still stehen und den Puls-Schlag am Arm (die rechte Hand umgreift das linke Handgelenk von unten und fühlt mit Zeige- und Mittelfinger an der Schlagader) oder am Hals (rechts oder links vom Kehlkopf mit mehreren Fingern) fühlen. Die Schläge spüren und „hören".
- Für Ältere: Das Gehörte innerlich lauter werden lassen und dann im Tempo des Pulsschlages durch den Raum gehen. Geht jeder in seinem eigenen Tempo? Gleichen sich die Tempi der Mitspieler an?
- Wieder den eigenen Puls fühlen und Ton/Klang innerlich wieder laut werden lassen, diesmal aber über die Stimme mit kurzen Silben hörbar machen. Wie hört jeder seinen eigenen Puls? Mit tiefem Klang, erdig, ruhig ... (bo-bo-bo-bo), oder mit hohem Klang, fliegend, nervös ... (de-de-de-de), oder ...?
- Alle Spieler fühlen zuerst wieder ihren Puls. Dann klatschen, bzw. schlagen sie ihren Puls auf Klanghölzern/Trommeln gleichzeitig. Nach und nach entsteht der gemeinsame „Puls-Schlag des Spielkreises".
- Den Puls des Anderen fühlen: Person 1 stellt sich schlafend, – liegt entspannt am Boden – Person 2 fühlt deren Puls, spricht laut mit. Welches Wort fällt ihr dazu ein, – zwei-, drei- oder viersilbig, – mit welchem Charakter?

Den Atem spüren

- Die Kinder bilden mit ihren Körpern eine Sonne. Sie liegen mit angewinkelten Beinen auf dem Rücken (Wolldecken!) im Kreis, die Füße in der Mitte symbolisieren die Sonnenscheibe, die Körper stellen die warmen Sonnenstrahlen dar. Entsprechend fühlen sie sich warm und entspannt. Jetzt spüren sie, wie sich jeder „Sonnenstrahl" ganz leicht bewegt, weil sich die Brust/der Bauch hebt und senkt. Das ist der Atem, der durch uns hindurch fließt.
- Spürt wie der Atem durch die Nase fließt. Schnell? Langsam? Sanft? Kitzelig?
- Ist es möglich so still zu sein, dass man das Geräusch des Atems in der Nase hören kann?
- Im Liegen, Sitzen oder Stehen: Was bewegt sich beim Atmen an meinem Körper? Mit den Händen hinfühlen.
- Den Atem der Anderen spüren: Dazu liegen alle bequem auf dem Rücken in einem großen Kreis. Die Beine weisen nach außen und der Kopf liegt auf dem Bauch des Nachbarn. Jetzt kann man den Atem durch den sich bewegenden Bauch spüren.
- Was geschieht, wenn man beim Ausatmen des Nachbarn wie eine Hummel summt?

2. Spielen mit Händen und Füssen

Hitparade

Heute wird eine Hitparade veranstaltet! Die Leitung spielt verschiedenartige Musikstücke vor. Die Gruppenmitglieder sollen sie auf unterschiedliche Weise durch Bewegung begleiten, um den Charakter und die Rhythmen der Musik spontan und mit dem Körper zu erfassen (Musikbeispiele, s. Anhang), Beispiele:

- 👁 meditativ: durch den Raum schweben
- 👁 wechselhaft, dynamisch: die Passagen der Musik darstellen
- 👁 schnell und rhythmisch: durch den Raum rennen, hüpfen
- 👁 schwerfällig, deutliches Metrum: im Metrum durch den Raum stapfen
- 👁 langsam, einfacher Rhythmus: tanzen und den Rhythmus klatschen
- 👁 zwei deutlich zu unterscheidende Melodie-, Rhythmus- oder Tempo-teile: im Wechsel das Metrum klatschen und gehen

Oberkörper-Patschgroove

Verschiedene Patscher werden der Reihe nach ausgeführt:

„Tom komm mit."

1. Linke Hand auf Brust
2. auf rechten Oberarm
3. auf rechten Unterarm
4. rechte Hand auf Brust, etc.

Tom ist etwas langsam:

„Tom komm mit jetzt!"

1. Linke Hand auf Brust
2. auf rechten Oberarm
3. auf rechten Unterarm
4. klatschen
5. rechte Hand auf Brust, etc.

In verschiedenen Tempi und auch kombiniert ausprobieren.

„Popoklatsch"

Die Kleidung steht ja vor Dreck. Das muss ab! Mit dem Popoklatsch!

1. Wie das Wort schon sagt: Es wird wiederholend rechts, links auf den Po und dann in die Hände geklatscht.

2. Man kann auch einen „*Popostampf*" daraus machen, dazu bei „stampf" mit beiden Beinen oder rechts, links abwechselnd stampfen.
3. Oder einen *Popopapaklatsch*, bei dem nach dem Po die Oberschenkel abgeklopft werden.
4. Oder einen *Popopapafifiklatsch*, bei dem man noch rechts, links („fifi") die Handaußenfläche abstreift. Oder ... Alles muss sauber werden!

Heulsuse

Jemand steht in der Kreismitte, klagt und weint: „*Oh, je-je, je-mi-ne, oh ...*"
Die Umstehenden klatschen die Silben dazu. Es gibt 3 Varianten:
1. Bei „*Oh*" Hände auf Oberschenkel patschen, bei „*je-je*" 2 x in Hände klatschen, – gleiche Schlagfolge bei „*je-mi-ne*".
2. Bei „*Oh*" Oberschenkel, „*je*" klatschen, „*je*" beide Hände auf Brust
3. Bei „*Oh*" Oberschenkel, „*je-je*" rechts/links auf die Schulter der rechten bzw. linken Nachbarn tippen

Die nächsten „Heulsusen" erfinden noch weitere Möglichkeiten, das Klagelied am Körper zu patschen.

„Hei, du Na-se, a-lles su-per?" (Kanon)

Wird man cool von der Seite angesprochen, muss man wohl ebenso cool antworten:
1. Den Satz gleichmäßig, wiederholt sprechen, „Hei" wird geklascht, der Rest im Wechsel der Hände auf den Oberschenkeln gepatscht.
2. Die Gruppe teilen: A beginnt, B startet mit dem vollständigen Satz erst, wenn A bei „Na-" angelangt ist.
3. Eine dritte Gruppe beginnt erst beim „a-" der ersten Gruppe.

Dressierte Seelöwen (Beifall klatschen)

In einem kleinen Zirkus treten auch Seelöwen auf.
Zuerst zeigt jeder eine besondere Verrenkung, eine verrückte Körperhaltung, eine spaßige Grimasse. Darauf folgt der Beifall. Doch jedes Mal ein anderer (der Spielleiter macht es vor):
1. mit den Fingern von der Seite in die Handinnenfläche klatschen ,
2. mit Handrücken in Handinnenfläche klatschen,
3. mit hohlen Händen klatschen,
4. mit flachen Händen klatschen,
5. mit Fingerspitzen auf den Handballen klatschen,

6. mit den Fingern in die hohle Hand klatschen,
7. mit der rechten Hand in die gehaltene Hand des Nachbarn klatschen

Die Seelöwen sitzen auf Hockern und präsentieren ein Klatsch-Konzert zusammen mit dem Zirkusclown. Der Clown singt ein Unsinnslied und die Seelöwen klatschen dazu.

Die folgenden Zahlen entsprechen den oben genannten Zahlen. Sie geben an, auf welche Weise geklatscht wird:

Worte	Pa	pa	ma	ma	pa		ma		pa	pa	ma	ma	hei		
Klatsch	1	1	2	2	1		2		1	1	2	2			

Bei „hei", Hände in die Luft werfen

Worte	O	mi	o	mi	o	pi	pi		o		pi		oh		
Klatsch	3	5	3	5	3	5	5		3		5				

Bei „oh", Hand erschrocken auf Mund

Eine bestimmte Art zu klatschen, wird mit einem Vokal, einer Silbe, einem geeigneten Wort verknüpft.

Große Züge, kleine Züge

Die Spielleitung geht in einen bestimmten Rhythmus, indem sie den ersten Puls betont aufstampft (z.B.: _Ka_ - ba, _Ka_ - lim - ba, _Ka_ - le - ba - sse...). Nach und nach schließen sich alle hinten an, bis alle in einer langen Reihe in dem jeweils vorgegebenen 2er-, 3er- oder 4er-Rhythmus durch den Raum gehen. Schon fährt ein langer Zug durch das Land ...

1. Den Geh-Rhythmus mit dem Sprechen des Wortes aufnehmen,
2. ohne Zuhilfenahme eines Wortes, nur über die Schritte den Rhythmus übernehmen.

Variante:
Die Kinder stellen sich zu zweit zusammen und stellen kleine Züge dar, Lokomotive und Wagen. Der „Wagen" koppelt sich von hinten an die „Lokomotive" an, indem er die Hände in die Hüfte oder auf die Schulter der „Lokomotive" legt.
Die „Lok" denkt sich einen 2er-, 3er-, 4er-Rhythmus aus, der „Wagen" versucht sich einzuklinken und folgt.
Vielleicht kann im nächsten Schritt der „Wagen" mit geschlossenen Augen folgen?

In der Stadt

Wir machen einen Bummel durch die Stadt. Was man dort hören kann?
Ein Auto, das *knattert* aber nicht anspringt.
Ein *Presslufthammer*, der den Asphalt aufschneidet.
Einen *Krankenwagen,* der durch die Straße *saust.*
Ein *Müllwagen*, der *anfährt und bremst*, wieder anfährt und bremst.
Ein alter *Trecker,* der langsam durch die Innenstadt *tuckert.*
Eine *Kutsche* mit Touristen. Sie sehen sich die alten Gebäude an.
Das *Rattern* der Straßenbahn.
Ein Kind, welches mit einem Ast am Holzzaun des Parks *entlang streicht.*
Männer, die am Bahnhof aus einem Taxi springen und die *Türen zuknallen.*
Das *Hupen* der eiligen Autofahrer.
Die *tickende* Ampelanlage, die *tönende* Ampel bei Grün.
Handwerker, die eine Verkaufsbude zusammen *zimmern.*
Das *Klappern* von Mülltonnendeckeln.
Die kleine Gruppe, die *Straßenmusik* macht.
Ein Straßenhändler, der ein *Blechspielzeug* aufgezogen hat.
Die *Glocken* der Kirchen.
Das *Läuten* der Schulglocken.
Das *Klingeln* der Ladentüren.
Das *Klopfen* des Spechtes, das *Singen* der Vögel im Park.
Das *Schnattern* der Enten im Teich

Die Gruppe versucht die Geräusche, Töne und Rhythmen mit Stimme und Körper (Füße, Hände …) zu imitieren. Die spontanen Einfälle der Kinder fantasievoll umsetzen.

Tiere in der Zirkusmanege

Der Zirkusdirektor eröffnet feierlich die Zirkusvorstellung des heutigen Tages. „Und zuallererst, meine Damen und Herren, präsentieren wir ihnen die größte Tiershow der Zirkuswelt. Darf ich bitten!" Nach und nach erscheinen die Tiere in der Zirkusarena:
Die langsam *stapfenden* Elefanten, die *schaukelnden* Kamele, das *springende* Känguru, der *hüpfende* Floh, die *hoppelnden* weißen Kaninchen, die *robbenden* Robben, die *schleichenden* Raubkatzen, die *galoppierenden* Schimmel, der *störrische* Esel und das *trabende* Wundertier, halb Giraffe und halb Pinguin.
Die Kinder sind Zuschauer und Darsteller im Wechsel. Spontan oder abgesprochen stellen sie die charakteristischen Bewegungen der Tiere dar.

Der Schuhplattler

Der Schuhplattler ist ein oberbayrisch-tirolerischer Werbetanz im $^3/_4$ Takt, der in der Mitte des 18. Jahrhunderts entstanden ist. Seine Standardschläge sind:

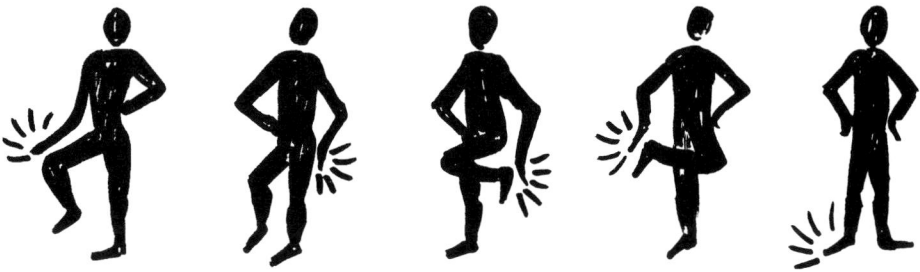

1. Der *Knieschlag* („pe") mit einer Hand auf das gehobene Spielbein,
   – rechte Hand auf rechtes Knie, – linke auf linkes,
   – rechte Hand auf linkes Knie, – linke auf rechtes;
2. der *Schenkelschlag* („tsche") seitlich auf das stehende Standbein,
   – rechts auf rechts und links auf links;
3. und 4. der *Sohlenschlag* („pa") (Fuß seitlich) hinter und vor dem Körper,
   – über Kreuz wird nur vorn geschlagen;
5. die *Stampfer* („dum") mit dem rechten und linken Bein,
   – auch beidbeinig.

Alle lernen die verschiedenen Schläge nach und nach kennen und erlernen damit ein paar einfache Rhythmen. Ältere denken sich vielleicht sogar einfache Schlagkombinationen aus und führen sie den anderen zum Nachmachen vor. Hier ein paar Beispiele.
a) Rhythmus: „DUM-PA-PA-DUM- ... DUM-PA-PA-DUM- ..."
Rechts stampfen, rechte Hand von hinten auf rechts zwei Sohlenschläge und nochmals rechts stampfen. Dann links stampfen, links auf links zwei Sohlen-schläge, links stampfen. Rechts ...
b) Rhythmus: „DUM-PA-DUM-PA- ..."
Rechts stampfen, rechte Hand vor dem Körper auf links einen Sohlenschlag und links stampfen, linke Hand auf rechts einen Sohlenschlag ...
c) Rhythmus: „DUM-TSCHE-TSCHE-DUM-TSCHE-TSCHE ..."
Rechts stampfen, zwei Schenkelschläge mit rechter Hand auf linkes Bein und dann umgekehrt ...

Ratsch-ritsch (Down- und Upbeat)

Die Gruppe hockt sich in zwei Reihen gegenüber, um das „Ratsch-Ritsch-Spiel" paarweise zu spielen.

1. A spricht ein einsilbiges Wort mit dem Vokal „a" (ratsch, Blatt, Tag, flach, matt) oder auch ein erfundenes Wort (flat, brag, rack, ga). Dabei patscht A mit beiden Händen auf die Oberschenkel. B antwortet sofort auf jedes Wort, indem er den Vokal „a" mit einem „i" austauscht (ritsch, blitt, tig, flit, gi) und ebenfalls auf die Oberschenkel schlägt.

2. A und B einigen sich auf eine interessante, lustige Wortkombination und sprechen sie im gleichmäßigen Wechsel (gag-gig-gag-gig...). Zunächst patscht nur A sein „a"-Wort (gag), dann kommt auch B mit seinem „i"-Wort (gig) hinzu und ein gleichmäßiger Rhythmus entsteht. „a" gilt als schwerer (down) und „i" als leichter (up) Puls.

3. Ergänzung: Während A sein Wort konstant mit den Händen klatscht, hat B die Aufgabe, sein Wort zu sprechen und gleichzeitig auf immer neue Körperteile zu tippen. So wird „schwer" und „leicht" (die Betonungen) deutlicher hervorgehoben.

Ein mechanisches Kunstwerk

Künstler sind am Werk. Sie wollen ein Kunstwerk schaffen, das sich bewegt und Geräusche und Töne macht.

1. In Kleingruppen „baut" je ein „Künstler" die übrigen Mitglieder so zusammen, dass die „Einzelteile"

a) ein interessantes Gebilde darstellen und

b) jeweils Bewegungen und geeignete Geräusche und Klänge ausführen können.

2. Ein „Künstler" baut nach und nach ein Kunstwerk aus Menschen zusammen, in dem diese „Einzelteile" mit ihrem Körper auch einfache Rhythmen gestalten. Nach und nach werden alle zusammengestellt, erhalten Anweisungen zur Körperhaltung, zum Rhythmus und wie sie ihn spielen sollen. So entsteht ein sich bewegendes Kunstwerk, mit sich immer neu überlagernden Rhythmen (Polyrhythmus), fast wie eine Maschine.

Je nach Alter und Vorerfahrung der Kinder kann das Kunstwerk einfacher oder komplexer gestaltet werden. Wichtig: Zeit lassen zum Ausprobieren und sich Entwickeln-lassen. Zum Beispiel:

Worte	Eis				ma				schi				ne		
*	X				X				X				X		

* Hochaufgereckt stehen, mit einem Fuß stampfend

Worte	ei		ne		klei		ne		Ra		pel		ki		ste
*	X		X		X		X		X		X		X		X

* Text sprechen, vorgebeugt die Hüfte des Ersten umfassen

Worte	die	ser	lau	te	Krach			1	2	3	4	ach		
*	X	X	X	X	X			X	X	X	X	X		

* Aufrecht kniend, mit den Händen auf den Po schlagen

Worte	ich		bin		ka		put		put		oh
*	X		X		X		X		X		X

* Auf allen Vieren, mit einer Hand auf den Boden klatschen

Worte	ax		oh	uh	ax		oh	uh	ax		oh	uh	ax		oh	uh
*	X		W	W	X		W	W	X		W	W	X		W	W

* Auf einem Bein kniend, das andere aufgestellt, **X** – mit einer Hand auf Oberschenkel klatschen und **W** – vor/rück über Oberschenkel wischen

Es klappern die Zähne
Ein Lied mit Fortsetzungen[12]

Es klappern die Zähne am laufenden Band,
klipp-klapp
Es trippeln die Füße am vorderen Rand,
tipp-tapp, klipp-klapp
Es schnalzet die Zunge ganz ohne Verstand,
schnick-schnack, tipp-tapp, klipp-klapp
Es patschet die Hand auf das Bein, in die Hand,
pitsch-patsch, schnick-schnack, tipp-tapp, klipp-klapp
Jetzt trommeln die Füße als würde gerannt:
wilde Stampferei, pitsch-patsch, schnick-schnack, tipp-tapp, klipp-klapp

Die jeweils erste Zeile wird nach der bekannten Melodie gesungen, die zweite wird dagegen gesprochen und die Bewegung, das Geräusch gleichzeitig nachgeahmt.

Geheimzeichen verschicken

Das Spiel eignet sich auch gut zur Vorstellungsrunde. Die Gruppe steht im Flankenkreis, d.h. jeder blickt auf den Rücken seines Vordermanns.
1. Jemand klopft eine einfache Rhythmusphrase (– auch in Verbindung mit einem Wort: Ve - ro - nika) auf den Rücken der vorderen Person, die ihn wiederum weiter gibt. Kommt der reisende Rhythmus so an, wie er abgeschickt wurde?

2. Derjenige, der den Rhythmus gerade auf dem Rücken gespürt hat (Empfänger), muss diesen Rhythmus stampfend noch einmal wiederholen, bevor er ihn seinerseits auf den Rücken der vorderen Person klopft.
3. Nun muss der Empfänger zuerst stampfen, dann klatschen und erst dann auf dem Rücken spielen.

Variante:
Ein geheim gehaltenes Wort wird klatschend weiter gegeben. Dazu stehen alle im Kreis zur Kreismitte gewandt und halten ihre offenen Hände nach vorn. Einer schlägt entsprechend seines Wortes eine einfache Rhythmusphrase in die Hände des rechten Nachbarn. Dieser gibt diese Phrase an den Nachbarn weiter, bis er wieder beim Absender angekommen ist. Nun kann der nächste sich ein Geheimwort ausdenken.

3. Spielen mit Worten

Abzählverse

Abzählverse und andere Kinderreime eignen sich hervorragend, um Kindern Rhythmen erfahrbar zu machen, ob sprechend, klatschend oder gehend.

- So kann etwa der jeweils schwere Puls klopfend hervorgehoben werden (Eene meene ...).
- Es können alle Silben geklatscht oder gepatscht und damit der Rhythmus des Satzes entdeckt werden (Eene meene Miesmaus).
- Beide Möglichkeiten können kombiniert werden oder in zwei Gruppen gleichzeitig vorgetragen werden.
- Durch Abzählverse erwählte Kinder können besondere Aufgaben bekommen, etwa den Vortrag des Reimes mit der Stimme, etc. geräuschvoll zu untermalen oder pantomimisch darzustellen oder die Sprechpausen zu füllen.
- Man kann auch den Vers aufsagen, den Rhythmus dazu klatschen, durch den Raum gehen ... und mit dem letzten Wort in der Bewegung erstarren.

Eene meene Miesmaus
lief ums Rathaus
schillewipp, schillewapp
und du bist ab.

Ene, mene, Mopel.
Wer isst Popel?
Süß und saftig,
eine Mark und achtzig,
eine Mark und zehn
und du kannst geh'n.

Ene bene subtrahene,
divi davi Domino.
Eck, speck, dreck,
du bist weg!

Enne, denne, dubbel, denne
dubbel, denne, dalia.
Ebbe, bebbe, bambio,
bio, bio, buff.

Itzli-plitzli-Rabenfuß
rate mal, wer suchen muss!
Itzli-bitzli-buh,
nämlich du!

Ete mete men,
trip trapp ten,
hauer dauer dann,
du bist dran!

Ix, ax, ux,
der rote Fuchs,
die graue Maus
und du bist raus.

Ene, mene, ming,
wing, wang, ting, tang,
ene, mene, ming, mang,
eia, weia, weg

Spieltexte für Hände, Füße, Stimme

*Lirum, larum, Löffelstiel
wer das nicht kann,
der kann nicht viel.*

Im Kreis stehend einen Faustturm
bilden und rühren.
Turm rhythmisch auf- und
niederstoßen.

*Klopfe, klopfe Hämmerchen,
die Treppe rauf ins Kämmerchen,
die Treppe rauf ins Taubenhaus,
da fliegen alle Täubchen aus.*

Ein Spieler mit Stock in der Mitte eines Stuhlkreises
muss entsprechend des Textes rhythmisch klopfen,
bei der letzten Zeile wechseln alle die Plätze,
ein Stuhl wird schnell entfernt.

*Wir fahren nach Jerusalem
und wer fährt mit?
Die Katze mit dem gold'nen Schwanz
und die muss mit!
(und die steigt aus!)*

Alle Hände flach auf den Tisch legen, ein Kind klopft mit einer Faust rhythmisch reihum auf die Hände der anderen, bei „muss mit" wird die Hand darunter als Faust auf die Faust des 1. Spielers gelegt und gemeinsam geht es weiter. Bei „steigt aus" fällt die Faustpyramide (goldener Schwanz) auseinander.

*Eins, zwei, drei,
ritsche, ratsche, rei.
Ritsche, ratsche, Pfefferkorn
der Müller hat sein Frau verlorn.*

Fäuste rhythmisch aufeinander klopfen

Fäuste wie Pfeffermühle drehen

Er hat sie nicht gefunden   in die Hände gucken
ich glaub sie ist verschwunden.   in die Hände blasen und wegfliegen lassen

Gi - gampf, Rößlein stampf.
Gold'ner Ring,
Rößlein spring.
Brrr – kalt, Rösslein halt!

Rhythmus klatschen, bei „stampf" aufstampfen, nach „spring" springend umherlaufen, bei „halt" sofort erstarren. Danach die Sätze frei kombinieren.

Solche 6 wie wir 5 gibt es keine 4, denn wir 3 sind die 2 einzigen.

1. Satzrhythmus klatschen, 2. Satzteile klatschen und anschließend 6, 5 ... Finger hochhalten.

Es sitzt ein Frosch im Kämmerchen,
er schlägt mit einem Hämmerchen.

Rhythmus (= unterstrichene Silben) mit einem Fingerknöchel auf den Tisch klopfen.

Hopp hopp hopp,
du dicker Frosch.

Rhythmus mit flachen Händen schlagen.

Fünf kleine Fingerleute
sitzen am Fenster,
gucken zu den Wolken:
„Gibt's Regen?"
Horch, es tröpfelt,
horch, es regnet,
horch, es gießt schon!
Es blitzt! Es donnert!
Fünf kleine Fingerleute
rennen schnell nach Haus.[13]

Mit den Fingern auf Tisch, Stuhl, Blech-, Plastikdose, Pappschachtel ... imitieren

Enzerle – zenzerle – zizzerle – zä.
Eichele – beichele – knell.

Jeder Spieler hält seine Fäuste geballt vor sich. Derjenige, der abzählt, schlägt im Rhythmus des Verses mit seiner Faust reihum auf die anderen Fäuste.[14]

Klatschvers

Bei Müllers hat's gebrannt -brannt -brannt,
da bin ich schnell gerannt -rannt -rannt.
Da kam ein Polizist -zist -zist -zist,
der schrieb mich auf die List -List -List.
Die List fiel in den Dreck -Dreck -Dreck,
da war mein Name weg -weg -weg.
1   2   3   4   5   6   6   6

Paarweise: Bei 1, 3, 5 in die eigenen Hände klatschen, bei 2, 4 je überkreuzt in die rechte, dann linke Hand des Gegenübers, bei 6 beide Hände in die Hände des Gegenübers.

Bewegungsspiele

Eene	*-meene*	*-Ping*	*-Pong*
rechte Hand schlägt auf rechtes Knie	linke Hand schlägt auf linkes Knie	rechte Hand schnippt in die Luft	linke Hand schnippt in die Luft

Hatze	*-Batze*	*-Kulle*	*-Wulle*
mit beiden Händen auf den Boden schlagen		rechte Hand boxt in die Luft	linke Hand boxt in die Luft

Variante:
Zwei Kinder stehen sich gegenüber und klatschen 1. („Eene") die rechten und 2. („meene") die linken Hände zusammen, 3. rechte Hand auf linke und 4. linke Hand auf rechte Schulter, 5. mit rechter Hand und 6. linker Hand in Haare wuscheln, 7. rechte Hand und 8. linke Hand schütteln.

Vorsänger: *Auf einer grünen Wiese, neck, neck, neck,*
            da stand ein Herr mit Namen Speck. Der ruft:
Alle: *Donnerwetter, Herr Professor, stillgestanden – stumm:*
Vorsänger: *Und wer noch wackelt dreht sich um.*

1. Alle fassen sich an den Händen und gehen im Kreis.
2. „Da stand": Alle bleiben stehen und drehen sich zur Mitte.
3. „Alle": Brüllen und laut stampfen (rhythmisch und nicht rhythmisch)
4. „Und wer": Unbeweglich und stille stehen bleiben. Wer wackelt muss mit dem Rücken zur Mitte weitergehen.

Spielverse

Säge, säge, Holz entzwei,
kleine Stücke, große Stücke,
schni, schna, schni, schna, Schnuck.

Paarweise, gegenüberstehend an den Händen fassen, Arme dabei kreuzen und im Rhythmus „sägen", bei „Schnuck" ruckartig loslassen.

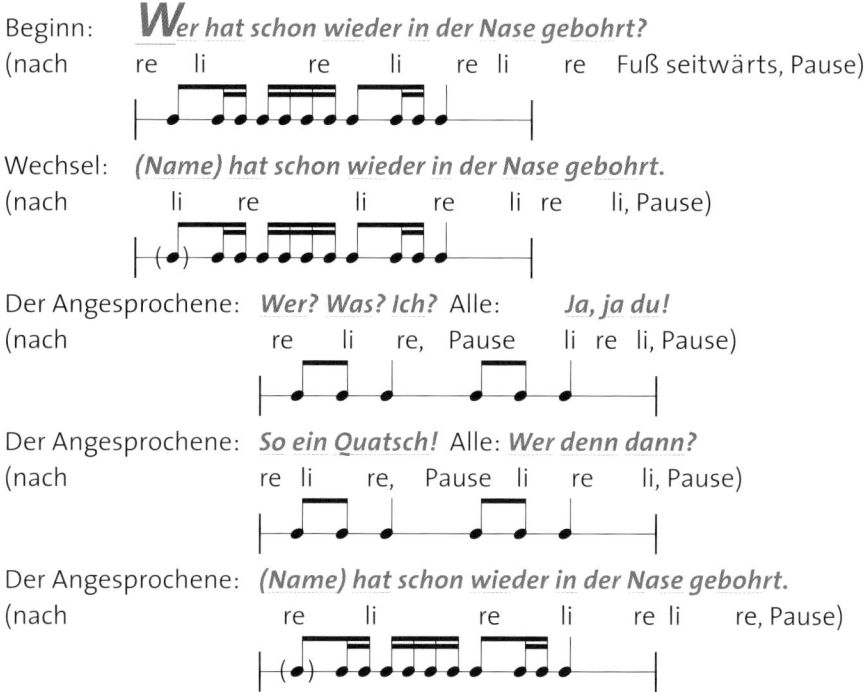

Beginn: *Wer hat schon wieder in der Nase gebohrt?*
(nach   re li   re   li   re li   re Fuß seitwärts, Pause)

Wechsel: *(Name) hat schon wieder in der Nase gebohrt.*
(nach   li   re   li   re   li re   li, Pause)

Der Angesprochene: *Wer? Was? Ich?* Alle: *Ja, ja du!*
(nach   re li   re, Pause   li re li, Pause)

Der Angesprochene: *So ein Quatsch!* Alle: *Wer denn dann?*
(nach   re li   re, Pause   li   re   li, Pause)

Der Angesprochene: *(Name) hat schon wieder in der Nase gebohrt.*
(nach   re   li   re   li   re li   re, Pause)

So geht es weiter, bis alle genannt worden sind. Dazu stehen alle im Kreis. Während ein Spieler mit dem ersten Satz beginnt (1. Zeile), bewegt sich die Gruppe nach rechts seitwärts. Während ein Zweiter mit der Beschuldigung beginnt (2. Zeile), bewegt sich die Gruppe nach links seitwärts. Der Beschuldigte führt einen Dialog mit der Gruppe. Hier geht man immer nach rechts und dann nach links seitwärts. Die Pausen leiten jeweils den Richtungswechsel ein. Zuletzt sucht der Beschuldigte den nächsten „Nasebohrer" aus.

Patsche,   *klatsche,*   *rechts,*
(beide Hände aufs Knie in beide Hände klatschen rechte Hand zeigen)
Patsche, klatsche, links
(wie oben, aber linke Hand zeigen)

Patsche, klatsche, rechts, links.
(wie oben, jedoch nacheinander beide Hände zeigen)
Patsche, klatsche, Stopp!
(wie oben, jedoch beide Hände gleichzeitig zeigen)

Knackige Worte

Kleine Nussknacker knacken knackig,
knackiger knacken große Nussknacker.

Kleine Kinder können keine Kirschkerne knacken.

1. Sätze sprechen
2. langsam / schnell sprechen
3. Entdeckungsreise: Was macht Knackgeräusche?

Zweierlei Musik:
Drei trappelnde Rappen mit klappernden
Hufen polterten über die dröhnende
bretterne Brücke mit donnerndem Krach.

1. Lauthals durch den Raum trampeln,
2. verschiedenartigen Untergrund wählen: Pappe, Plastikfolie, Blech ...

Dann hört man wieder den rieselnden,
glucksenden, silberhell plaudernden Bach.

Mit Händen bzw. Fingern auf Fußboden und diversen Untergründen, mit der Stimme nachgestalten.[15]

Wumbalda, wumbalada,
wumbalada wiste,
Hexamine, examine,
ulla abalabe mine,
pi pele detenta,
po, no, tektenta.

1. Text sprechen und Rhythmus klatschen
2. eine geheimnisvolle Beschwörung, Heiltrankherstellung imitieren.

Rhythmische Reise

Auf der Reise

Alle Kinder sitzen im Kreis und jemand erzählt die Geschichte einer Reise. Die Erzählung wird durch rhythmisches Klatschen, Klopfen, Gehen, der Stimme usw. begleitet. Der Erzähler oder die Leitung greift Worte auf und vertont sie. Die Zuhörer imitieren es.

Fortbewegung: laufen, springen, fahren usw.
Begegnungen: Pferde, Kühe, Kinder, Radfahrer usw.
Fortbewegungsmittel: Zug, Auto, Pferd, Elefant usw.

Namen und Rhythmus

1. Jedes Kind nennt seinen Vor- und Zunamen und die Gruppe versucht den Rhythmus durch das Schlagen jeder Silbe zu erkunden. Ebenso verfährt man z.B. mit Berufsbezeichnungen und Fantasieberufen (Fahrradschaffner...) Titeln, Anreden.
2. Die Vornamen werden durch Wiederholungen und Verlängerungen einzelner Silben zusätzlich rhythmisiert: Ke – ke – kevin; Naaaa – talie, Daaaaaaaaa-da-da-da-da-dagobert ... Nach einigen Vorgaben die Ideen der Kinder umsetzen.

Instrumente rhythmisch imitieren

Wie klingt ein Klavier? *„Klimper – di – klimper."* Und eine Trompete? *„Tä-tääää-tä-tääää."* Eine Trommel? *„Dumdidum-dumdidum."*
Den Klang der Instrumente zunächst mit der Stimme imitieren, diese Töne rhythmisch wiedergeben, durch Pantomime und klatschend, patschend, klopfend ...

Hobbies

1. Stichworte zu beliebten Hobbies sammeln: Computer, game boy, reiten, Video, Fernseher, Fußball, telefonieren, träumen, CD-player, streiten, schwimmen, Musik, Buch ... und jeweils wiederholend sprechen.

2. Den *Schwerpunkt* klatschend erfassen. Ist es auftaktig, wie „Comp<u>u</u>ter", oder ist es volltaktig, wie „<u>Vi</u>deo"?

3. Die Worte werden nach *leichten* und *schweren Pulsen* (Hebungen und Senkungen) untersucht. Aufschreiben, mit Zeichen versehen: <u>C</u> D, tr<u>äu</u> men, <u>Vi</u> de o ... entsprechend klatschen.

4. Lange und kurze *Notenwerte* klatschend erfassen, etwa: „game boy", „Video".

5. Die Worte zusammen fügen und einen *komplexeren Rhythmus* kreieren: „Computer reiten", „Fernseher Fußball".
Wie kann sich das rhythmisch anhören?

6. Die Worte zu einer *Rhythmus-Collage* aneinander reihen:

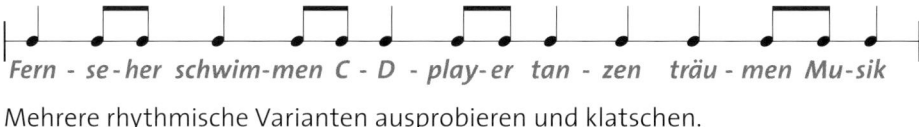

Fern - se - her schwim-men C - D - play-er tan - zen   träu - men Mu-sik

Mehrere rhythmische Varianten ausprobieren und klatschen.

7. Mit ergänzenden Worten kleine *Rhythmus-Gedichte* schreiben und vortragen:

„Ich mag game boy, ich mag rei-ten; ich mag Fuß-ball und strei-ten!"

Dazu a) auf einen Reim achten, b) Worte und Sätze so wenden und drehen, damit rhythmische Wiederholungen und Ähnlichkeiten, etwa: *„Streiten, mit dir, mit ihr und reiten!"* entstehen.

4. Spiele mit Bewegung

Vorsicht glibberig!

„Wir schwimmen im Meer. Doch es ist Nacht, wir können nichts sehen und müssen außerdem auf glibberige Quallen Acht geben. Was für ein Glück, dass sich die Quallen bemerkbar machen, wenn man ihnen zu nahe kommt."

Die Gruppe teilt sich. Gruppe A spielt die Glibber-Quallen, die sich im Raum verteilt aufstellen und 2x kurz (*„Ach-tung!"*) klatschen, wenn ihnen ein Schwimmer aus der Gruppe B (mit Augenbinde und Schwimmbewegungen) zu nahe kommt. Berührt eine Person der Gruppe B dennoch eine „Qualle", ruft sie laut „Igitt!" und scheidet bis zum Rollentausch aus. Wähnt sich ein Schwimmer in ungefährlichem Gewässer, klatscht er für die anderen 3x lang (*„A-lles-klar"*). Getauscht wird, wenn alle Schwimmer ausgeschieden sind.

Variante: Wecker in der Nacht

Alle verteilen sich als tickende Wecker im Raum und klatschen im mäßig schnellen Tempo ein gemeinsames Metrum. Einer wird aber mit verbundenen Augen losgeschickt, um nach und nach möglichst alle Personen anzuticken. Die Angeschlagenen geben einen selbst ausgedachten Signalton/Unsinnsausruf ab, sobald sie berührt wurden und klatschen von da an einen gaaanz langsamen Puls.

Spatz, Igel, Eichhörnchen und Konsorten

Jeder zieht verdeckt eine Bildkarte vom Spielleiter. Das darauf abgebildete Tier muss entsprechend der Silbenanzahl geklatscht werden. Die Gruppenmitglieder setzen sich in Bewegung und jeder sucht das Tier gleicher Art. Je größer die Anzahl der Tierfamilien (für mehrere Kleingruppen), umso schwieriger wird die Suche. Die Teilnehmer dürfen sich nur mithilfe der Klatschsignale verständigen. Tiere einer Art können etwa sein: Spatz (1x), Igel (2x), Eichhörnchen (3x), Tausendfüßler (4x), Schäferhund (5x klatschen) ...

Dem Signal folgen

In finsterer Nacht, in der selbst Lichtsignale verschluckt werden, suchen sich die Schiffe einer Flotte einen Weg zwischen Untiefen und Sandbänken in den rettenden Hafen. Sie folgen dabei den hörbaren Signalen der örtlichen Schiffer, die sich hier wie in ihrer eigenen Westentasche auskennen.

Dazu bilden sich Paare. Beide Spieler vereinbaren ein deutliches rhythmisches Signal oder bekommen eins von der Spielleitung. Alle beginnen gleichzeitig, nachdem die einzelnen Rhythmusbausteine mit der Stimme (Worte, Silben ...) geübt wurden und nun geklatscht werden können. B schließt die Augen und lässt sich von A nur durch den Klatschrhythmus durch den Raum führen. Nach vereinbarter Zeit treffen sich alle in einer Ecke des Raumes, dem rettenden Hafen, tauschen die Rollen und rhythmischen Muster.

5. Rhythmen malen, schreiben und erfinden

Rhythmen malen

a) Ein sehr rhythmisches, nicht zu komplexes *Musikstück* vorspielen. Mit Fingerfarben frei dazu malen. (Musik, s. Anhang)

b) Einzelne *dynamische und rhythmische Elemente*, etwa langsame, kräftige Einzelschläge, schnelles und abgehacktes Spiel, Synkopen, Trommelwirbel, lautes und leises Spiel wiederholt vorspielen. Mit Fingerfarben o.Ä., auch in unterschiedlichen Pinselstärken wiedergeben. Im zweiten Schritt einzelne Elemente herausgreifen und in Form von *Symbolen oder Figuren* zeichnen. Das hört sich an wie Vulkan, Mond, Regen, Kanone, Maus ...

c) Die Spielleitung klatscht, trommelt einen einfachen Rhythmus (Ostinato) vor und alle zeichnen mit Wachsstiften oder dicken Filzstiften in Form von *Linien und Punkten* auf ein großes Blatt Papier, was sie hören. Im zweiten Schritt eventuell auf Zeichen einigen. Etwa:
● = Schlag, ○ = Pause, ⬤ = lauter, • = leiser Schlag, — = lange, – = kurze Notenwerte, etc.

d) Rhythmisches Zeichenspiel:

Eins, zwei, drei, – picka, pocka, pei
picka, pocka, begelein,
wie viel Striche müssen's sein?

Den Text sprechen und seinenen Rhythmus in Form von Strichen aufzeichnen. Die Ergebnisse vergleichen. Mit weiteren Reimen ausprobieren.

Rhythmus-Detektive

Rhythmen lassen sich *finden* in natürlichen Kreisläufen, in Windgeräuschen, im Fallen von Tropfen, im Gesang von Vögeln, Gebell von Hunden, Tönen von Maschinen, und, und, und. Spiel: „Rhythmus-Detektive" sind mit Kassettenrekorder und Mikrophon auf der Jagd nach geheimen Rhythmen. Die werden später angehört, gezeichnet, gemalt und mit oder ohne Instrumente nachgestaltet.

Rhythmen erfinden

a) Vier, sechs oder acht *Personen stehen im Kreis*. Reihum klatscht jeder einmal in die Hand, sodass ein Klatschpuls gleichmäßig im Kreis umher läuft. Dann kniet sich zunächst eine Person in die Hocke. Sie klatscht nicht mehr, wenn sie an der Reihe ist. Sie macht aber eine Bewegung in die Luft oder sagt leise *„Hmm"*. Eine dem ursprünglichen Puls entsprechende Pause entsteht. So ergibt sich ein einfacher Rhythmus. Eine zweite Person hockt sich hin, eine dritte …, die erste stellt sich wieder hin usw. Zum Schluss einen interessanten Rhythmus auswählen.

b) In vier hintereinander liegenden *Kästchen,* die auf ein Blatt Papier gezeichnet wurden, wird willkürlich je ein Zeichen (oder eine Silbe) für einen Schlag eintragen. Für eine Pause, wird ein Feld frei gelassen (oder Konsonant „M" eingetragen). Vorn beginnen und nach dem vierten Kästchen gleich wieder das erste Kästchen anschließen. Den eingetragenen Schlag klatschen, bei der Pause aber eine ähnliche, jedoch tonlose, Bewegung machen (z.B. die Hände nach vorn werfen).
Wenn weitere Zeilen mit je vier Kästchen angefügt und mit Pausen und Schlägen gefüllt werden, können komplexere Rhythmen entstehen:

X		X	X
X		X	X
		X	
X		X	X

Ebenso mit einer großen *Kreisfläche* verfahren, die in vier (fünf, sechs, sieben, acht) Kreisabschnitte geteilt wurde. Statt des Puls-Symbols können Tiere, Instrumente, Maschinen, etc. eingezeichnet werden, so dass so etwas ein „Tierlaut-Rhythmus" o. Ä. durch *Stimmimitationen* entsteht.

Lange Klatsch-, oder Lautrhythmen entstehen, indem in eine große geviertelte Kreisfläche noch eine Spirale eingezeichnet wird. Das Startfeld kennzeichnen und zur Mitte der Spirale „reisen".

c) *Rhythmen würfeln,* in dem die sichtbare Zahl als Rhythmus wiedergegeben wird. Zum Beispiel: *Eins, zwei, drei* und *fünf* Schläge mit einer kurzen Pause, *vier* und *sechs* als durchgehende Pulse mit einem betonten ersten Schlag. Zahlenkombinationen ergeben weitere interessante Rhythmen.

d) Rhythmen in Form von *Noten* schreiben lernen, durch einen *Notenwürfel*. Noten und Pausen würfeln und durch Klatschen oder Klopfen wiedergeben. Mehrere gewürfelte Noten und Pausen aneinander reihen, aufschreiben und das Ergebnis hörbar machen. Bau eines Notenwürfels: Einen großen Würfel mit Noten- und Pausensymbolen bekleben. (Noten, s. Anhang, S. 161)

6. Rhythmen gehen und tanzen

Treppen-Stürze

Wie es wohl klingt, wenn Kinderspielzeug eine lange Holztreppe hinunterpoltert? Kippen wir doch einmal eine ganze Spielzeugkiste aus und imitieren es mit den Füßen.
Plötzlich fällt ein Glas voller bunter Perlen um. Viele von ihnen hüpfen durcheinander die Stufen hinunter (viele kleine Hüpfer).
Dann springen sogar Gummibälle von Stufe zu Stufe. Zuerst springen sie in großen, gleichmäßigen und langsamen Sprüngen, die dann aber immer kleiner und auch schneller werden (entsprechend imitieren).

Bordstein-Song

An einer sehr verkehrsarmen Straße am Bordstein entlang gehen (– linker Fuß auf dem Bordstein, rechter Fuß in der Rinne) und dazu Sprüche aufsagen, etwa:

Eins, zwo, kommt ein Floh, – drei, vier, kommt ein Stier,
fünf, sechs, kommt 'ne Hex, – sieben, acht, kommt ganz sacht,
neun, zehn, eine Feen, – elf, zwölf, kommen Wölf'!

Den linken Fuß bei den unterstrichenen Silben setzen. Kann anschließend dazu noch der Versrhythmus geklatscht werden?

Vorwärts – rückwärts

Ein flotter Spaziergang, denn fast zu jeder Silbe wird ein Fuß aufgesetzt.

Und eins – und zwei – und drei – und vier,

ein Hut, ein Stock, ein Regenschirm und

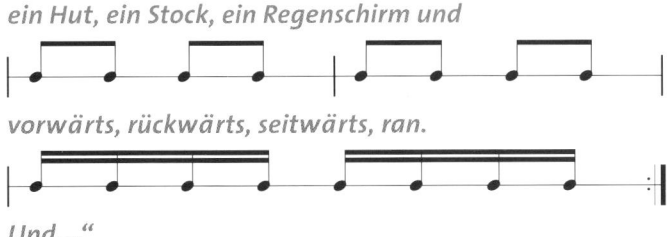

vorwärts, rückwärts, seitwärts, ran.

Und ..."

1. Zeile: Zahlen = re. Fuß, - = li. Fuß. 2. Zeile: „ein"/ „-gen" = li. Fuß, „Hut" /
„Stock" /" Re-„ / „-schirm" = re. Fuß. 3. Zeile: Bei "vor..., rück ...", stehen bleiben
und re. Fuß entsprechend vor, rück ... aufstampfen.

Klatschzauber

Alle klatschen wild durcheinander. Dadurch wird eine Zauberenergie aufgeladen. Sobald einer aufhört, müssen alle aufhören. Derjenige, der aufgehört hat,
klatscht eine Zeitlang einen „Klatschzauber", d.h. einen gleichmäßigen Schlag
oder einen einfachen Rhythmus, zu dem alle anderen wie unter einem Zauber-
bann tanzen und springen müssen. Anschließend wird wieder von allen Zauberenergie aufgeladen.

Das Echo

Alle stehen auf einer Bergwiese und wollen das Echo hören. Einer wählt einen
ultra-kurzen Satz, ruft ihn und klatscht seinen Rhythmus dazu (mit Hilfe des
Leiters). Die anderen antworten als Echo. Dazu wiederholen sie den Satz mehrmals – mit Pausen dazwischen – und werden allmählich leiser. Zur Bekräfti-
gung werden die Rhythmen gleichzeitig gestampft.
Sätze können z.B. sein: *Klaus ... du Maus; Ha-llo ... E-cho ...; Milch-kuh ... wo bist
– du ...; der Bert - ruft ...*

Elfen-Ballett

Junge Elfen kommen in einer Ballettschule zusammen und üben für ein Mond-
scheinfest.
1. Zuerst lernen sie die Sprache ihrer Schritte: Alle Silben mit dem Vokal „i" werden auf den Zehenspitzen getanzt und alle mit dem Vokal „u" auf dem ganzen
Fuß, z.B.:
*Flu-mi-flu-mi ... Pu-sti-bli-mi ...; Bum-zi-zi ...; Muh-piep-piep-piep-muhpiep-
muh ...; ri-zi-ru-zi-ti-ki-ti-ki-ru-ki-zuk ... oder?*
Alle Schritte werden wechselnd rechts/links ausgeführt.

2. Einer denkt sich ein entsprechendes Unsinnswort aus, klatscht es („u" in die Innenseite -, „i" auf die Außenseite der Hand), wiederholt es in einem gleichmäßigen Tempo und lässt die anderen diesen besonderen Elfenschritt üben.
3. Es können vielleicht sogar einige Worte ausgesucht und (mit Pausen) zu einem kurzen Unsinnstext zusammengefügt werden. So entsteht eine kleine interessante Tanzeinheit – vielleicht mit Sprechern, die den Text auch klatschen und mit Tänzern, die mit wehenden Seidentüchern verkleidet sind ...

Gorilla-Tango

Die Gruppe teilt sich in zwei Hälften. Gruppe A, im Kreis stehend, feuert die tanzenden Gorillas (Gruppe B) innerhalb des Kreises an und klatscht jede gesprochene Silbe des Textes:

Seht-ihr-die-Go-ri-llas-tan-zen,
wie-sie-auf-den-Bo-den-stam-pfen.

Die Gorillas im Kreis sprechen/singen und stampfen mit rechtem und linken Fuß die Silben des Liedes mit.

Fortführungen:
1. Die Gruppe A kann dazu die je erste Silbe dieser zwei Sätze stampfen.
2. Der Kreis der Gruppe A geht im Uhrzeigersinn und stampft die je 1./3./5./7. Silbe zu ihrem Sprechgesang.
3. Gruppe A und B sprechen/singen den Text, stampfen aber nur die Satzteile: „Gorillas tanzen", „Boden stampfen".

Vorführungen:
Nach dem lediglich gesprochenen Text stampfen alle wild umher und gebärden sich auch sonst wie heißblütige Gorillas.
Nach jedem Textvortrag stampft jemand etwas vor,
a) in einer bestimmten Haltung/mit einer bestimmten Gebärde,
b) in einem bestimmten, aber einfachen Rhythmus. Die anderen ahmen es nach.

Abendlied der Neandertaler (off-beat üben)

Neandertaler stehen hungrig um ein Lagerfeuer, auf dem ein Mammut brutzelt. Sie gehen auf der Stelle vom rechten auf den linken Fuß und singen ihr Abendlied:
Um-ba-um- ... -um-ba-um- ... um-ba-um-ba-um-ba-um- ... (wiederholen)

a) Sie setzen den Fuß jeweils auf die Silbe „um" und klatschen dazwischen die Silbe „ba".

b) Sie schlagen bei „um" auf ihre Oberschenkel und klatschen „ba" mit den Händen.

c) Sie stampfen bei „um" mit einem Fuß auf den Boden und klatschen „ba" oben in der Luft.

d) Jeder Zweite kniet in der Hocke und klatscht „um" auf den Boden, die anderen „ba" in der Luft.

Immer wieder prüfen sie zwischen den Aktionen, ob das Mammut schon gar ist, rennen um das Lagerfeuer herum und rufen bei jedem Schritt *„Um-um-um ..."*

Teddybär dreh dich um

Zwei Kinder schlagen das Seil. Ein Kind hüpft im Seil gleichmäßig zum Lied. Es darf so lange hüpfen, bis es einen Fehler macht. Die Umstehenden singen und klatschen den Rhythmus des Liedes dazu. Bei *„eins ..."* wird das Seil allmählich schneller geschwungen.

Teddybär, Teddybär dreh dich um,
Teddybär, Teddybär mach dich krumm,
Teddybär, Teddybär, zeig'nen Fuß,
Teddybär, Teddybär, mach'nen Gruß,
Teddybär, Teddybär, wie alt bist du?
Eins, zwei, drei, vier, fünf, sechs ...

Lieber Gott, o sag mir doch,
wie viel Jungs verklopp ich noch?
Eins, zwei, drei, vier, fünf, sechs, ...

V. Instrumente finden, bauen, kaufen

1. Draußen trommeln

In unserer natürlichen Umgebung lassen sich viele Möglichkeiten zum Trommeln und Rhythmusmachen finden. Alles das, was Geräusche macht und was dabei nicht zerstört oder verwundet wird, kann bespielt werden. Natürlich darf in besonders geschützten Zonen und in Regionen, in denen Wildtiere gestört werden könnten, nicht gespielt werden. Es ist außerdem eine schöne Sitte, sich zum Schluss bei den Steinen, Bäumen ... zu bedanken.

Steine

Es sollten möglichst harte Steine sein, Kiesel in unterschiedlichen Größen etwa, die sich an Bächen, Flüssen, am Meer, aber auch im Gebirge und steinigem Gelände finden lassen.

- Mit einem Stein auf harten Untergrund schlagen („Steinbruch/Steinarbeiten") imitieren.
- Zwei Steine gegeneinander schlagen:
  a) Im Kreis reihum im gleichmäßigen Puls schlagen und den jeweiligen Klang der Steine hören.
  b) Einer beginnt mit einem einfachen Rhythmus, die anderen imitieren ihn und kommen dazu.
  c) Jeder spielt seine eigene *„Steinmusik"* und alle gehen leise zu den Steinklängen umher.
- Jemand lässt einen Stein fallen, – alle stoppen sofort ihr Spiel.
- Stein auf Stein werfen – das im gleichmäßigen Tempo versuchen.
- Stein auf Stein klopfen (einen kleinen auf einen großen Stein).
- Mit verschiedenartigen Holzstäben auf Steine schlagen.

Bäume
- Bäume mit dicker und harter Rinde auswählen, im Wald, Park oder Garten.
- Bäumen zuhören: Auf das Rauschen, Knacken und Knarren bestimmter Bäume lauschen.

- 👁 „So klingt mein Baum": Mit trockenem Ast vorsichtig den Stamm anschlagen.
- 👁 „Hier bin ich": Im Wald hinter Bäumen verstecken und durch an den Stamm geschlagene Signale immer wieder den Standort kundgeben. Dann auch den Standort wechseln. Ein Suchspiel daraus machen.
- 👁 „Morsen": Jeder schickt vom Waldrand Botschaften in den Wald, in den Steinbruch ...
- 👁 Geheime Botschaft weitergeben: Einer beginnt mit einem einfachen Rhythmuselement, von Baum zu Baum wiederholen die anderen die Phrase.

Bach, Tümpel, See

Die Spiele sollten selbstverständlich an ungefährlichen Stellen durchgeführt werden und sind unter Umständen auch im Frei- oder Hallenbad möglich.

- 👁 Dem Bach an verschiedenen Abschnitten seines Laufes zuhören, – wie tönt er, – was hat er zu erzählen, – das rhythmische Geplätscher stimmlich wiedergeben.
- 👁 Bäche, Strudel, Wasserfälle ... interviewen: Mit einem Aufnahmegerät in die Natur gehen.
- 👁 Steine ins Wasser werfen: Im Wechsel und gleichmäßig große und kleine Kiesel hineinwerfen. Es entsteht ein Zweier-Rhythmus.
- 👁 Eine Handvoll feinen Kies ins Wasser werfen. So entsteht eine Art Trommelwirbel.
- 👁 Mit langen Stecken auf das Wasser schlagen. Mithilfe eines Liedes oder Reimes einen gemeinsamen Rhythmus spielen.
- 👁 Mit den Händen auf das Wasser schlagen:
  a) Mit zwei, nebeneinander gehaltenen *flachen Händen,*
  b) mit *zwei gewölbten Händen,* die zusammen eine umgedrehte Schale ergeben,
  c) flache und gewölbte Hände einzeln, z.B.: rechts-links (flach), rechts-links (gewölbt), d) mit einer *„Zweihandfaust"* (weit ausholen), und
  e) mit den Fäusten einzeln.
- 👁 Und: Das Wasser rhythmisch *aufwühlen,* ins Wasser schnipsen, die Arme *durchziehen* und von der Oberfläche in das Wasser ziehen, mit den Füßen *hineinstampfen,* und ...

Draußen trommeln mit Dingen, die sich sonst noch in unserer Umwelt finden lassen

Selbstverständlich darf nichts beschädigt werden, deshalb eher zu Dingen greifen, die zum Abfall gehören oder sehr robust sind. Es darf nicht an gefährlichen Orten, im Straßenverkehr etc. gespielt werden.

Trommeln kann man:

- ◉ mit Metall-Abfällen von Dosendeckeln bis zu Autowracks
- ◉ mit Behältern aller Art von Plastikbechern bis Mülltonnen
- ◉ auf Spielplatzgeräten von Metallgestängen bis Holzleitern
- ◉ mit den „Begleitern" unserer Wege von Holzzäunen bis Werbetafeln

2. Trommeln bauen

Der Trommelbauer in Zaire geht in den Wald, um für die neue Trommel einen Baum auszusuchen. Diesen Baum bittet er um Vergebung, weil er ihn ja fällen muss. Er bittet den Geist des Baumes, später in der Trommel zu bleiben.[16] Für das Trommelfell einer Schamanentrommel darf im Himalaya kein Tier erlegt werden, statt dessen muss es von einem wilden Tier stammen, das verendet gefunden worden ist. In einem Göttertanz findet man heraus, ob das gefundene Tier den Göttern gefällt.[17]

Trommeln lassen sich mit äußerst unterschiedlichen Qualitäten anfertigen. Entscheidend ist einerseits der musikalische Anspruch (Welche Klangqualität und Reproduzierbarkeit des Klanges auf Dauer ist gewünscht?) und andererseits der pädagogische Anspruch (Welche Bedeutung wird dem handwerklichen und künstlerischen Aspekt des Selbermachens und der Haltbarkeit des Instrumentes beigemessen?).

Entsprechend können etwa in Volkshochschulkursen hochwertige Trommeln gebaut werden. Für Kinder sind diese Arbeiten jedoch nicht geeignet. Im Gegensatz dazu entstehen auch Trommeln aus Papprohrstücken, mit einer starken Folie als Trommelfell beklebt, kunstvoll bemalt. Diese Trommeln sind oft nach der Aktion, für die sie gebaut wurden, nicht mehr zu gebrauchen. Einige der folgenden Bauanleitungen sind ein bisschen aufwändiger, damit die Trommeln etwas länger benutzt werden können und auch noch kleineren musikalischen Ansprüchen genügen.

Röhrentrommeln aus PVC

Röhrentrommeln können z.B. aus PVC-Entwässe-rungsrohren, die man in jedem Baumarkt in verschiedenen Durchmessern kaufen kann, hergestellt werden. Zusätzlich benötigt man hierzu festen Baumwollstoff in entsprechender Größe, Spannlack (Modellbauladen) und passende Rohrschellen (Baumarkt).

Bau: Rohr am oberen Ende entgraten und abschleifen. Anschließend das Rohr entweder bemalen oder bekleben. Der Baumwollstoff wird rund in entsprechender Größe ausgeschnitten (Rohr-Durchmesser + ausreichender Zugabe zum Befestigen). Der Stoff wird über das Rohrende gelegt und mit der Rohrschelle, die darüber gestülpt wird, unter der Wulst befestigt. Dabei wird der Stoff gleichzeitig kräftig gespannt. Nachdem die Rohrschelle endgültig fest gezogen ist, wird der Stoff ca. 5 x mit Spannlack bestrichen (Trockenzeiten entsprechend der Vorgabe beachten).

Alternative: Das Rohr mit vorbehandelter, gegerbter Tierhaut (Ziege, Schaf, Rind) oder Schweinsblase bespannen (Bezug s. Anhang).
Hierzu wird das Rohr ebenfalls wie oben beschrieben vorbereitet. Zum Bespannen wird die zugeschnittene Tierhaut zunächst für max. 1 Tag in Wasser eingeweicht, anschließend über das Rohr gelegt und mit der Rohrschelle befestigt. Die Tierhaut sollte zu zweit möglichst gleichmäßig gespannt werden und dann die Schelle fest gezogen werden. Das Fell muss einige Tage trocknen, bevor die Trommel spielbereit ist.

Trommel aus Teppichkern oder Pappröhren

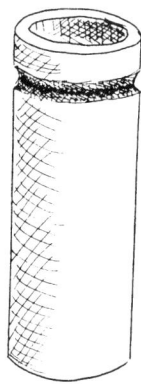 Hierzu verwenden wir stabile Pappröhren oder Teppichkern. Die Röhren auf Länge schneiden und anschließend in den oberen Rand rundum eine flache Kerbe für die Rohrschelle raspeln (Kerbe etwas breiter als die Schelle). Oberhalb der Kerbe werden ca. 5 Lagen Textilklebeband geklebt (beim Raspeln ausreichend Abstand zum Rohrende beachten) um eine flache Wulst zu erhalten.

Das Bespannen der Trommel kann wie oben durchgeführt werden oder alternativ: Am oberen Ende des Rohrs wird rundherum Kunstharzkleber gestrichen, darüber von einer Person die Haut gespannt. Auf Höhe der Kerbe wird von einer weiteren Person eine stabile Schnur fest um die Haut gewickelt. Anschließend kann man die Schnur mit Textilklebeband fixieren.

Bespannen mit Elefantenhautpapier

Hierbei wird das Papprohr wie o.a. bearbeitet. Das Elefantenhautpapier wird entsprechend dem Rohrdurchmesser + reichlicher Zugabe zugeschnitten und 1/2 Std. in Wasser eingeweicht. Anschließend wird das Papier (auch in mehreren Lagen) stramm über das Rohr gedehnt. Über das Papier und das Rohrende wird die Rohrschelle geschoben (Papier dabei stramm festhalten) und fest gezogen. Anschließend muss das Papier trocknen.

Eine einfache Blumentopf-Trommel

Diese Trommel entsteht aus einem Terrakotta-Topf (∅ ca. 20 cm) über dessen Öffnung 6–8 Lagen Butterbrotpapier (Übergröße/Großhandel) geklebt wurden. Jede Lage wird mit Kleister bestrichen und großzügig über den Blumentopfrand hinaus bis auf den Korpus verklebt. Alles trocknen lassen und den Topf bemalen.

Große Trommel

Eine Plastik-Regentonne oder ähnliches Behältnis (etwa aus Reinigungsmittelvertrieb) gründlich reinigen, in die Seite ein Loch bohren oder ggf. die Tonne halbieren. Baumwollstoff mit ausreichender Zugabe für die obere Öffnung zuschneiden, Rohrschellen zu einer großen Schelle zusammensetzen, bzw. Universalschellen verwenden. Den Stoff in Wasser tränken und zu zweit über

die Öffnung spannen, eine dritte Person legt die Rohrschelle darüber und zieht sie unmittelbar unter der Wulst fest. Stoff trocknen lassen und mind. 5 x mit Spannlack bestreichen. Tonne und Fell (z.B. mit Ornamenten) gestalten.

Alternative halt- und stimmbare Bespannung: Vorgefertigte Plastikfelle für Bass-drum oder Tom aus dem Musikhandel in passender Größe erwerben und über den Tonnenrand legen. Es gibt z.B. Tonnen mit einem Durchmesser in der Öffnung von 16 Zoll. Einen Spannreifen (in gleicher Größe zu dem Fell) darüber legen. Auf der Wulst der Tonne werden die für den Reifen erforderlichen Bohrlöcher eingezeichnet und gebohrt. Den reifen mithilfe von Maschinenschrauben und Flügelmuttern (unten) mit der Trommelwulst verschrauben und anschließend das Fell spannen.

Kanister-Schlagzeug

Hierzu werden verschieden große Plastik-Kanister (z.B. Reinigungsmittelbehälter) von außen und innen gründlich gesäubert und mit einem weichen Schlegel auf ihren Klang hin untersucht. Kanister mit verschiedenen Tonhöhen zusammenstellen. Die Kanister werden gegeneinander mit etwas Schaumstoff, Teppichstückchen o. Ä. auf Abstand gehalten. Die Stückchen sind dazu mit doppelseitigem Klebeband an den Berührungspunkten der Kanister angeklebt worden.

Mit einer Schnur oder einem Gummiband alle Kanister zusammenbinden. Auf ein Holzbrett legen, auf das zuvor eine Schaumstoff- oder Teppichunterlage geklebt wurde. Mit weichen dünnen Schlegeln spielen.

Dosen-Schlagzeug

Große Dosen werden wie oben auf unterschiedliche Klänge untersucht und zusammengestellt. Der Aufbau erfolgt ebenfalls wie beim Kanister-Schlagzeug. Als Unterlage empfiehlt sich ein Teppichbodenstück.

Variante: Kleinere Dosen kann man ähnlich wie z.B. Jogurtbecher zusammen in einen flachen und geschlossenen Karton stellen. Hierzu werden entsprechend der Dosendurchmesser Löcher in den Kartonboden geschnitten.

Handtrommel (Tamburin)

Eine solche Handtrommel kann man aus alten Backformen (Seitenwand von Rundformen) herstellen.

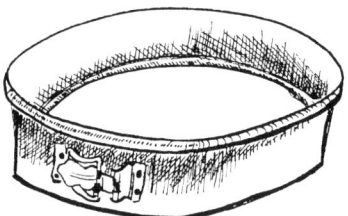

Der Bezug erfolgt wie bereits beschrieben mit Rohrschellen (Tierhaut, Baumwollstoff oder auch Segeltuch). Zusätzlich kann man zwischen Rohrschelle und Stoff noch Schnurstückchen einklemmen, um anschließend kleine Glöckchen oder Schellen an die Trommel zu binden.

Klangblech

Der Rest dieser alten Backform, der Boden, sollte gleich als Klangblech Verwendung finden: Den Boden nah am Rand mit zwei Fingern festhalten, mit einem Schlägel anschlagen und die Position der Finger solange verändern, bis ein voller Klang zu hören ist. Eine zweite klangvolle Stelle suchen und an diesen Stellen zwei Löcher für die Aufhängung einbohren – fertig.

Eine kleine Drehtrommel

Diese Trommel entsteht aus zwei breiten Jogurt-Bechern. Dazu jeweils für den Bindfaden an zwei gegenüberliegenden Seiten kleine Löcher mit heißer Nadel stechen. Im 45 Grad Winkel dazu zwei kleine halbrunde Löcher für den Bambusstab (∅ ca. 5 mm, Länge ca. 25 cm) ausschneiden. Becher mit zwei Bindfäden so zusammenbinden, dass ein langes Bindfadenstück übrig bleibt. Bambusstab durch die zwei entsprechend großen Löcher schieben (er sollte oben ca. 1 cm vorstehen) und die Naht der beiden Becher und den Stab mit Textilklebeband fixieren. An den Enden der Bindfäden werden kleine Holzperlen befestigt. Die Bindfäden müssen so lang sein, dass die Holzperlen genau den Becherboden erreichen können.

Wird der Stab nun hin und her gedreht, schlagen die Perlen die Becherböden an.

Bezugsadressen zum Trommelbau

- ◉ Teppichkerne erfragt man beim nächsten Teppichhändler
- ◉ Papprollen kann man beziehen bei: Fa. Hunke u. Jochhain, Ringstraße 2, 59174 Kamen-Methler, Tel.: 02307/9360

- Elefantenhaut kann man beziehen im Bürobedarf
- Trommelfelle (Tierhaut, z.B. Ziegenfell, ca. 35 €) kann man beziehen bei: K.-P. Lage, Heiliggeistgasse 10, 93047 Regensburg oder SABAR roots percussion, Sielwall 7, 28203 Bremen, 0421/73475
- Rohrschellen gibt es auch als Universal Schlauchbinder, Länge 3 m, Spannbereich bis 90 cm Durchmesser

3. Klänge, Effekte, Schlägel

a) Klänge

Claves, Holzklangstäbe

Zwei kleine, mit ca. 15–20 cm gleich lange, ⌀ 1,5–2 cm, Bambusstückchen oder Rundhölzer (schweres, festes Holz mit feiner Maserung) – auch aus einem Besenstiel, zuschneiden. Die Enden abschleifen.

Metallklangstäbe

Dazu verwendet man Metallreste, am besten Rohre aus z.B. Messing oder Aluminium vom Altwarenhändler, Schrotthändler, etc. An einem Ende ein Loch in Höhe von 20% der Gesamtlänge bohren und als Halterung eine Schnur durchziehen, Schnittstellen und Bohrung abschleifen, damit keine Verletzungen durch die Gratbildung entstehen können.

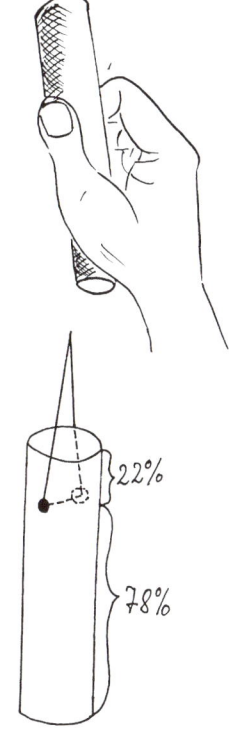

22%

78%

Glockenband

Möglichst große Glöckchen (Bastelbedarf) in kurzen Abständen durch ein Elastikband, ein breites Gummiband o.Ä., miteinander verbinden. Die Länge des Glockenbandes ermöglicht es, unter leichter Spannung um Hand- oder Fußgelenk getragen zu werden.

Variante: Glöckchen in zwei Reihen auf einen Stoffstreifen nähen, der an den Enden mit angenähten Gummibändern versehen wird.

Variante: Glöckchen auf ein Lochgummiband nähen und an einem Ende einen entsprechend großen Knopf annähen, mit dem man die Weite des Bandes variieren kann.

Mit Glöckchen kann man außerdem Glockenstäbe anfertigen und natürlich auch Kleidungsstücke versehen, so z.B. Glockenwesten, Glockenärmel, Glockenhosen, Glockengürtel, Glockenhandschuhe, Glockenhausschuhe, Glockenmützen usw. herstellen.

Glocken

Einfache, aber hell klingende Glocken erhält man auf schnellste Weise durch gereinigte und von Etiketten befreite Sektflaschen. Die Flaschen mit einem Holzschlegel anschlagen.

Variante: Durch das Bodenloch eines kleinen Blumentopfes (∅ z.B. 6 cm) werden die Enden eines kleinen Seiles oder einer Kordel gezogen und innen mit einer Holzkugel verknotet. Die Kordel kann außen am Bodenloch durch einen weiteren Knoten fixiert werden. Ebenfalls mit einem Holzschlegel anschlagen. Wie wäre es mit einem Glockenspiel aus Blumentöpfen?

Donnerblech

Vom Alteisenhändler ein großes, eventuell verzinktes Blech besorgen, das auf einen „guten" Klang hin geprüft wurde. Das Blech in einen vorgefertigten Holzrahmen, oder in alte Kleiderständer einhängen. Mit einem weichen Schlegel anschlagen.

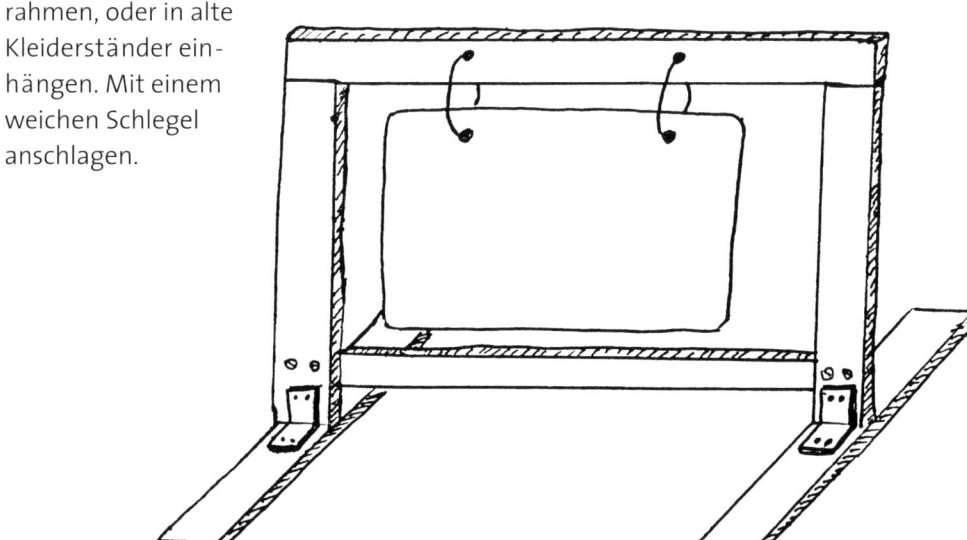

Schlüsselklangspiel

Alte Schlüssel an einem Bambus- oder
Rundstab an kurzen Schnüren hängend
in einer Reihe aufhängen. Vielleicht ist
eine Reihung vom tiefen zum hohen
Klang möglich.

Walnussklangspiel

Heil gebliebene Walnusshälften in der Mitte durchbohren und an einer Schnur eng aneinander reihen. Mehrere Schnüre dicht nebeneinander an einem Rundstab
befestigen.

Bambusklangspiel

Bambusstäbchen so zuschneiden, dass ein
Ende offen bleibt. Am anderen Ende seitlich
durchbohren und mit z.B. feinen Nylonfäden
auf ein Holzkreuz (Vierkantstäbe) knoten.
Jeden Faden an das Kreuz binden und mit
Superkleber fixieren.

b) Effekte

Verzogene Klänge

Wasser in einen Emaille-Topf, eine Emaille-Schüssel oder eine Edelstahlschüs-
sel füllen und langsam bewegen. Dabei mit einem Schlegel von außen an das
Behältnis schlagen oder mit den Händen gegen den Boden.

Variante: An kurzen Fäden hängende Metallrohre (z.B. die selbstgefertigten
Metallklangstäbe) in einer mit Wasser gefüllten Schüssel auf- und abbewegen
und gleichzeitig mit einem Schlegel anschlagen.

Windmacher

Windmacher entstehen aus Bambusstab, Rundholz, Aststück, und Krepp-, Zeitungs- oder Makulaturpapier: Stab (∅ ca. 1 cm) 20–25 cm lang zuschneiden und Enden abschleifen. Papier in ca. 2 cm breite, 30–35 cm lange Streifen schneiden und 10 bis 15 Streifen an einem Ende fest zusammenbinden, mit Gummiringen an einem Stabende befestigen.

Variante: 6 Stück, bis 80 cm lange farbige Stoff-/Papierstreifen an einem Ende fest verschnüren, Bindfaden mit einbinden und im Abstand von 2–3 cm an einem Stabende befestigen.

Guiro (Reibe aus Bambus)

Ein ca. 20–25 cm langes Bambusstück (∅ ca. 3 cm, möglichst ein Ende offen) wird auf einer Seite mit einer Holzpfeile mit Querrillen im Abstand von 0,5–1 cm versehen. Mit Essstäbchen bespielen.

Variante große Reibe:
Auf einer länglichen Dose (Plastik oder Metall), die auf einer Seite offen bleibt, wird ein halbiertes, geriffeltes Kabelrohr (Baumarkt) oder kleines Dränagerohr mit fester Schnur oder feinem Draht festgebunden.

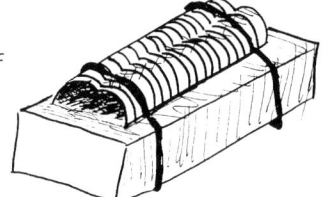

Oceandrum

In eine große Rahmentrommel (gr. Tamburin, frame drum, „Indianertrommel") wird eine Handvoll mittelgroßer Glasperlen (Bastelbedarf, Perlen-, Schmuckladen) gefüllt. Die offene Seite mit einer kräftigen, durchsichtigen Plastikfolie beziehen, mit einem doppelseitigen Klebeband fixieren und einer Rohrschelle befestigen.

Diverse Rasseln

Rasseln entstehen aus Plastikbechern, Dosen, Schachteln, Rohrteilen, Getränkedosen, Bambusstücken, Plastikrohren, Filmdosen, U-Ei-Döschen, Streichholzschachteln o. Ä. Gefüllt werden sie mit Rundkornreis, Weizen, Hirse, Steinchen (Aquarienbedarf), kleinen Glasperlen (Bastelbedarf). Je kleiner der Behälter ist, desto feiner und härter sollte die Füllung sein. Die Füllung beträgt ca. 10–25% des Gesamtvolumens.

Maracas

Maracas sind kubanische Rasselinstrumente. Diese Selbstbauvariante entsteht aus möglichst zwei gleich große Plastikflaschen (Zitronensaft-, Kosmetik-, Reinigungsmittelflaschen o. Ä.). Mit Füllmaterial (s.o.) versehen und anschließend einen dicken Holzstab durch die Flaschenöffnung stecken und zur besseren Fixierung am anderen Ende durch eine eingeschnittene zweite Öffnung wieder etwas hinaus führen. Mit Textilklebeband befestigen.

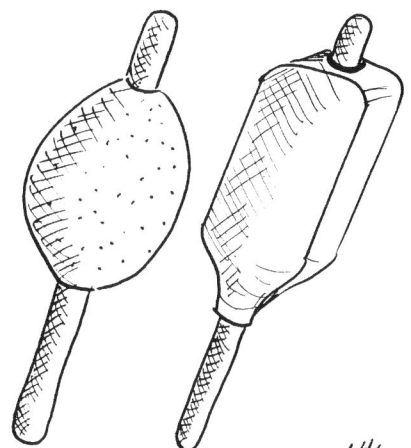

Vogelstimme

Mitten in eine Filmdose wird längs ein ca. 3 cm langer Schlitz geschnitten und in dem Deckel eine ca. 40 cm lange Schnur befestigt. Dazu ein Loch in den Deckel stechen und die Schnur innen mit einem dicken Knoten versehen. Anschließend wird mit dem Deckel eine Feder an die Dose geklemmt. Die geschleuderte Dose verursacht einen Triller wie eine Vogelstimme.

c) Schlägel

Kleiner Filzschlägel (weicher Anschlag)

Ein Rundholz (∅ ca. 7 mm, Länge ca. 30 cm) mit Filz- oder Schwammtuchstück bekleben, das aus einem Dreieck besteht, das an einem Ende 4 cm breit ist und spitz zuläuft (Länge ca. 30 cm). An einem Stabende das Filztuch umwickeln, mit der breiten Seite beginnen. Runde für Runde ankleben (z.B. mit Heißkleber). Diesen Kopf während des Trocknens mit einem Bindfaden fixieren.

Variante: Mit einem Wollfaden ein kleines Wollknäuel auf das Stabende wickeln. Jede neue Lage mit Kleber versehen.

Kleiner Korkschlägel (mittelharter Anschlag)

Auf ein Rundholz wird ein zurechtgeschnittener Sektkorken aufgesetzt, geklebt und befestigt. Dazu den Korken am unteren Ende schmaler schneiden, das erforderliche Loch für das Holzstück mit einer Schraube von unten in den Korken vorbohren, den Stab einleimen. Den Anschluss des Korkens zum Holzstab zusätzlich mit einem Textilklebeband stabilisieren.

Großer Schaumstoffschlägel (weicher Anschlag)

Ein Rundholz mit 15 mm Durchmesser und ca. 30 cm Länge (evtl. auch kleine, leichte, zugeschnittene Stuhlbeine) zuschneiden und an einem Ende so anspitzen, dass es in eine Holzkugel (∅ 3–5 cm) passt. Das Loch der Kugel muss, falls es zu klein ist, noch etwas erweitert werden (einspannen und anbohren). Kugel und Rundholz zusammenleimen. Anschließend die Kugel mit dünnem Schaumstoff umkleben, den Schaumstoff am Anschluss zum Stab mit Bindfaden fest umwickeln und so fixieren. Überstehenden Schaumstoff abschneiden. Über diesen Schaumstoff wird noch ein Stück Stoff oder Kunstfell (Bastelbedarf) gespannt und ebenfalls am Anschluss zum Stab mit einem Bindfaden umwickelt. Den Faden mit mehreren Lagen Klebeband umhüllen.

Variante: Aus einem bis zu 3 cm dicken Rundholz mit einer Holzraspel an einem Ende eine Art Kugel herausarbeiten und anschließend wie oben mit Schaumstoff und Stoff versehen.

Variante: Eine große Styroporkugel (Bastelbedarf) auf das Rundholz spießen und wie oben verfahren.

Gummikopfschlägel (mittelharter Anschlag)

Einen Rundstab (∅ ca. 7 mm, Länge ca. 20 cm) an einem Ende mit Streifen von ausgedienten Fahrradschläuchen zu einer kleinen Kugel wickeln und festkleben.

Lange und kurze Sticks (harter Anschlag)

- 👁 Für einen langen und damit flexiblen Schlagstock wird ein dünnes Rundholz (⌀ 7 mm, Länge 35–40 cm) oder ein entsprechender, entrindeter Haselnusssspross an den Enden rund geschliffen.
- 👁 Für einen kurzen Stick verwendet man ein Rundholz mit 25 cm Länge und 2 cm Durchmesser. Es wird ebenfalls an den Enden rundgeschliffen. Es kann an einem Ende wie bei der ersten Variante des großen Schlägels ein kleiner Kopf herausgearbeitet werden.

„Besen" (leiser, mittelharter Anschlag)

Für einen sogenannten Schlagzeugbesen verwendet man ca. 5 mm dicke und ca. 36 cm lange Bambusstäbe (Gartencenter, Baumarkt), die der Länge nach in gleichmäßige Streifen (ca. 3 mm breit) aufgeschnitten werden (einschneiden und reißen). 5–15 Stück davon werden zu einem Bündel gelegt und an einem Ende zu einem Drittel mit Textilklebeband fest zusammengeklebt.

> *Hey, hör zu,*
> *hör zu wie der Rhythmus meiner Trommel klingt.*
> *Hör zu, hör zu,*
> *hör zu wie meine Trommel klingt!*
> aus dem kubanischen Lied „Oye ya" von Trio Matamoros

4. Handelsübliche Trommeln

a) Naturfell-Trommeln

Zu den am häufigsten gespielten Naturfell-Trommeln in Musikgruppen und in der Musikpädagogik und -therapie zählen die Bongos, Congas und Djembés. Der Körper wird in aller Regel aus Holz (Congas auch aus Fiberglas) gefertigt. Das Fell kann etwa von Wasserbüffel- oder Kalbshaut stammen, aber auch von Antilope, Hirsch, Ziege (Djembé). Dieses wird mit Spannreifen und Spannschrauben (Conga, Bongo) oder einer Schnurspannung (Djembé) über den Körper gespannt und gestimmt.

Naturfell-Trommeln werden vor allem mit den Händen, in besonderen Fällen auch mit Schlägeln gespielt. Djembé-Felle sind dazu nicht geeignet!

Bongo

Die Bongo besteht im Grunde aus zwei Trommeln in unterschiedlicher Größe (*hembra*, tief klingend, *macho*, hoch klingend), die miteinander verschraubt sind und deshalb schon ein klanglich interessantes Spiel ermöglichen.

Die Bongo wird traditionell auf einem Stuhl sitzend zwischen den Beinen, auf den Wadenmuskeln aufliegend (gekreuzte Füße) gespielt. Sie kann aber auch auf einem Ständer, Tisch, Stuhl oder am Boden stehen. Die kleine Trommel befindet sich vor dem Spieler auf der linken, die große auf der rechten Seite (Rechtshänder). Diese Trommel wird sehr häufig mit dem Zeigefinger am Fellrand angeschlagen. So ergibt sich ein klarer, hoher Ton.

Conga

Die Conga, die ursprünglich aus Afrika stammt, gibt es in den Standhöhen von ca. 70–75 cm zu kaufen. Es werden (seltener) aber auch kleine conga-ähnliche Instrumente speziell für Kinder oder sogenannte „Conguitas" angeboten. Congas findet man häufig in drei Größen: *Tumbadora* (tief), *Conga* (mitte), *Quinto*, sprich: Kinto, (hoch). Congas werden im Sitzen oder im Stehen gespielt, wobei die Conga dann in einem Ständer steht. Kleine Kinder können davor stehen, oder auf dem liegenden Korpus sitzen (Kissen für das Instrument am Boden und für das Kind). Diese Trommel kann mit den im Kapitel „Tipps und Tricks zum Trommelspiel" erwähnten Spieltechniken bespielt werden.

Djembé

Djembé-Trommeln werden traditionell in Afrika (Guinea, Senegal) gespielt. Wegen ihres großen Klangfarbenspektrums und Lautstärkevolumens sind sie sehr beliebt. Es gibt sie in unterschiedlichsten Standhöhen (ca. 40–60 cm). Sie werden im Sitzen am Boden stehend oder leicht nach vorn gebeugt (mit den Oberschenkel/Knien halten) gespielt. Häufig werden sie aber auch in Bauchhöhe getragen. Da die Djembé nicht wie Bongo und Conga mit einem Stimmschlüssel gestimmt werden kann, sondern die Stimmung durch eine Schnur-spannung erfolgt, sollten sie von „Spezialisten" nachgestimmt werden. Die Trommel kann mit den bereits angeführten Schlagtechniken gespielt werden.[18]

b) Marsch-, Schlagzeugtrommeln

Aus der Orchester- und Militärmusik stammen die Instrumente, *Kleine und Gro-ße Trommel*. Sie wurden unter der Bezeichnung *Snare* und *Bassdrum* zusammen mit weiteren Instrumenten, z.B. *Standtoms, Becken, Glocken*, etc. in das **Schlag-zeug** (drum set) integriert. Diese Trommeln werden mit Schlägeln gespielt. Unterschiedliche Schlägeltypen und unterschiedliche Trommeln ermöglichen so in einem Schlagzeug unterschiedliche Klänge.

Die „Kleine Trommel"

Sie besteht aus einem flachen zylindrischen Körper (Metalllegierung), über den oben wie unten mittels Spannreifen und Spannschrauben ein Plastikfell gezogen wurde. Über dem Fell der Unterseite ist außerdem ein Spiralteppich angebracht, der bei jedem Anschlagen zusätzlich ein schnarrendes Geräusch ermöglicht (daher auch die Bezeichnung „Snare"). Die „Kleine Trommel" wird in der Marschmusik vor dem Bauch getragen, im Schlagzeug auf einem Ständer gespielt.

Die „Große Trommel"

Sie wird ebenfalls aus einem flachen zylindrischen Körper, meistens aus Sperr-holz, gefertigt. Die Verspannung und das Fell ähnelt dem der „Kleinen Trom-mel". Die „Große Trommel" ermöglicht durch ihren großen Korpus tiefe, warm klingende Töne. In der Marschmusik wird sie vor der Brust getragen und von der Seite gespielt, im Schlagzeug (Bezeichnung: „bass drum") wird sie am Boden stehend mittels einer Fußmaschine bedient.

c) Weitere Trommeln

Andere Instrumente für eine musikpädagogische/-therapeutische Arbeit sind: Pauke, Holzschlitz-Trommel (groß: Big Bom), Tonkrug-Trommel (Udu), Tisch- oder Sitztrommel (oben mit Fell bespannt), Rahmentrommel (einseitig mit Fell bespannt; z.B. arabisch, asiatisch, indianisch, irisch), Rahmentrommel mit Schellen (brasilianisch), Stabreibtrommel (einseitig mit Fell bespannter kleiner Zylinder, Fell innen mit eingelassenem Stab), Oceandrum (flache, doppelseitig bespannte Trommel mit Metallkugeln), Steeldrum (Trommel aus Fässern, Kari-bik) und viele weitere.[19]

d) Sonstige Instrumente (small percussion):

Rainmaker, Tanzrassel (aus Samenkapseln, u.Ä.), Caxixi (Korbrasseln), Chicken shake (eiförmige Rassel), Maraca (Rumbakugeln), Claves (Klangholz), Woodblock/Tempelblock (ausgehöhlter Holzblock), Doppel- und Einzelglocke (Agogo, Cowbell, ...) aus Metall oder Holz, Tamburin (Schellenkranz), Glockenband, Zymbel, Triangel, Bar-Chimes (kleine, aufgereihte Metallstäbe), Flexaton (auf- und absteigender Ton durch biegsame Metallplatte), kleiner Gong/kleine Klangschale, Vogelstimmen-Pfeifen ...

Einkauftipps

Trommeln sorgfältig auswählen:

- 👁 Eindruck verschaffen und Läden aufsuchen, Instrumente begutachten, spielen, vergleichen.
- 👁 Instrumente nach den Kriterien Klang und Stabilität auswählen.
- 👁 Von außen stimmbare Instrumente kaufen (bei innerem Stimmring Verletzungsgefahr!).
- 👁 Möglichst keine Instrumente mit genieteten oder geklebten Fellen kaufen.
- 👁 Keine Spielzeug-Trommeln von Spielzeugherstellern kaufen, Kinder-Trommeln nur aus solidem, haltbaren Material.
- 👁 Instrumente, insbesondere Naturfell-Trommeln vor dem Kauf im Laden stimmen lassen.
- 👁 Instrumente auf Schäden am Körper untersuchen und gegebenenfalls den Preis drücken.
- 👁 Instrumente mit Schäden an der Verspannung und am Fell (Risse, Löcher, extrem dünne Stellen) nicht kaufen.

Zubehör & Co:

- 👁 Höhenverstellbare Ständer zu den Trommeln (Conga, Bongo, Kleine Trommel, ...) kaufen. Congas mit angeschraubten, verstellbaren Füßen nur mit solider Befestigung kaufen.
- 👁 Eine größere Anzahl verschiedener Schlägeltypen kaufen oder selber basteln.
- 👁 Taschen für die Instrumente aus kräftigem Stoff und Schaumstoffeinlage für die Fellseite kaufen oder selber nähen.
- 👁 Falls die interne Versicherung Schäden an den Instrumenten und Diebstahl nicht mit einschließt, Entsprechendes abschließen.

„Preiswert" einkaufen:

- Falls möglich Instrumente im Großhandel einkaufen.
- Im Laden nach gebrauchten Instrumenten fragen (sollten nur leichte Schäden am Korpus haben) oder Suchanzeige aufgeben.
- Sammelbestellungen mit interessierten Einrichtungen (Schulen, Kindergärten, Heime, Bildungshäuser) ermöglichen Preisnachlässe.
- Small percussion-Wunschliste erstellen und von Firmen spenden lassen.
- Preisnachlass für pädagogisch-therapeutische Einrichtung erfragen.
- Stiftungen und Fonds anschreiben, Anträge stellen.
- Auftritte (Fußgängerzone, Kirche, etc.) mit selbst angefertigten Instrumenten durchführen, Kaufwunsch bekannt machen und Geld sammeln.
- Geld durch Feste, Basare, etc. ansparen.

VI. Spielen mit Klanginstrumenten und Trommeln

1. Experimente

Trommeln aufwecken

Trommeln schlafen gut eingepackt in Ecken, Schränken oder Regalen. Deshalb muss man sie sanft aufdecken oder ausziehen und anschließend mit der flachen Hand über sie hinweg streichen. Besonders die Fläche, auf die häufig geschlagen wird, soll mit kreisenden Bewegungen gestreichelt und gewärmt werden. Wenn die Trommel dann immer noch sehr verschlafen ist, darf man sie mit den Fingerspitzen wach kitzeln.

Trommelklänge

1. Eine Trommel spricht verschiedenartige Dialekte, je nachdem, wo man sie zum Sprechen bringt (Korpus, Fell, Metall, Holz). An welchen Stellen klingt sie wie?

2. Trommeln haben auch ganz verborgene Stellen, an denen sie sehr außergewöhnliche Töne machen können. Nach ungewöhnlichen Klängen suchen, einen Klang aussuchen und präsentieren.

3. Wo klingt die Trommel eigentlich am lautesten?

Was die Hand kann

Nur mit den Händen die unterschiedlichsten Klänge produzieren: Mit der flachen, der hohlen Hand, der Handkante, dem Handballen, den Fäusten, dem Daumen, den Fingerspitzen, den Fingernägeln ... schaben, reiben, kratzen, klopfen, trippeln, schleichen, marschieren, hüpfen ...

Ohne Hand und Fuß

1. Wie und womit kann man eine Trommel zum Klingen bringen, ohne direkten Kontakt mit Hand oder Fuß und ohne sie zu beschädigen? Probiert mal Stöckchen, Schlägel mit Holz-, Filz-, Gummi-Köpfen und Steinchen, Murmeln, Bällchen, Perlen, Fingerhut, Stroh, Federn, Münzen ...
2. Wo kann man die Trommel damit zum Klingen bringen?
3. Was geschieht, wenn während eines Schlages einer dieser Gegenstände auf dem Trommelfell liegt, oder
4. wenn man z.B. innen auf dem Fell etwas rutschen, rollen, kreisen lässt?

Trommel-Geblubber

„Mit der Trommel reden": Dazu die Trommel umdrehen und hinein sprechen. Wie wäre es mit Flüstern, die anderen lauschen, oder mit Lachen und Kichern, mit Gebrabbel und Fremdländisch, immer reihum.

Schimpf-Tirade

Jemand schimpft irgendetwas in seine umgedrehte Trommel hinein und macht eine Pause, in der a) die anderen das Gehörte wiederholen, b) die anderen das Gehörte in Trommelei umzusetzen versuchen.
Die folgenden Spiele können mit Trommeln und auch ergänzend mit Geräusch- und Klanginstrumenten durchgeführt werden. Die ausgewählten Laute können vor dem Instrumentenspiel durch Symbole, Zeichnungen oder Bilder dargestellt werden.

Gib Laut!

1. Eine Sammlung von Lauten und Sprechweisen anfertigen, die *Menschen* mit ihrer Stimme machen können: brabbeln, prusten, singen, lachen, weinen, glucksen, Reden halten (Predigt, Wahlrede ...). Jeder sucht sich eine Möglichkeit aus, übt es am Instrument. Dann wird es nacheinander vorgespielt. Die anderen erraten, was dargestellt wurde.

2. Ebenso mit den Geräuschen des *Wassers* (tropfen, brodeln, gluckern, spritzen, brausen, rauschen ...) und *Gewässern* (Meer, Fluss, Wellen, Wasserfall, Wasserhahn, Wasserspülung ...) und
3. mit prägnanten *Tierlauten* (bellen, krähen, krächzen, brüllen, gackern ...) verfahren.

Trommeln erraten

Hinter einem Vorhang spielt zunächst der Spielleiter nach und nach verschiedenartige Trommeln. Welche wurde gerade gespielt? Wie sieht sie aus? Wie nennt man sie? Wie war ihr Klang?

Trommeln puzzeln

Einige Trommeln, – für jedes Kind eine, werden großzügig auf Papier gezeichnet/kopiert und dann in Form eines Puzzles auseinander geschnitten, gemischt und wieder zusammengesetzt. Wer eine Trommel fertig gestellt hat, kann diese entsprechende in der Folge spielen.

Lauschen und trommeln

Kann man so still sein, dass nichts zu hören ist? Kaum: Atemgeräusche, hüsteln, scharren, rascheln, ferne Stimmen und Geräusche von Menschen, Maschinen ... sind zu hören. Was noch? Um dies alles nicht mehr zu hören, kann man 10 Sekunden lang ganz laut trommeln. Was ist *danach* zu hören? Die Spielleitung kündigt die Phasen an und fragt immer wieder nach dem, was die Kinder hören.

Kalt und heiß

1. Für dieses Suchspiel wird jemand hinaus geschickt und ein kleines Instrument im Raum versteckt. Der Suchende kann nur durch das Trommelspiel der anderen diesen Gegenstand finden: Leises, langsames Spiel (*kalt*), mäßig lautes, flottes Spiel (*warm*), sehr lautes, schnelles Spiel (*heiß*), kräftige Einzelschläge (*stopp, - nah dran, gefährlich*).
2. In einem frei geräumten Raum kann auch mit verbundenen Augen gesucht werden.
3. Im Raum liegen viele Instrumente. Eines davon ist das gesuchte. Das herausgefundene Instrument wird für das anschließende Spiel behalten.

Schluss!

Alle spielen nach Lust und Laune ihre Trommeln. Nach einer Weile unterbricht jemand sein Spiel abrupt, indem er *mit beiden Händen* laut auf das Instrument schlägt oder laut *„Schluss!"* ruft, sich auf den *Boden* setzt, auf ein Instrument aus *Metall* (Glocke, Becken …) schlägt. Dieses Kind bestimmt dann, wann es mit der Trommelei wieder losgehen kann.

Du darfst!

Es steht nur eine Trommel zur Verfügung. Jemand beginnt mit einer Trommelei nach Lust und Laune, dann blinzelt er einem anderen zu. Dieser darf dann auf der Trommel mit dem ersten ein Duett spielen. Es beginnt dann der Zweite wieder ein freies Spiel allein, bis er seinerseits einem anderen zublinzelt.

Rassel-Gequassel

1. Jeder hat rechts und links jeweils eine andersartige Rassel in der Hand. Die rechte Rassel tut so, als würde sie etwas erzählen, fragt, schimpft … und die linke antwortet darauf.
2. Rassel-Diskussion: Alle sitzen im Kreis und diskutieren mithilfe der Rasseln zu einem zuvor festgelegten Thema miteinander. Wenn eine Rassel spricht, sind die anderen solange still, bis sie fertig ist. Welche Rassel kommt als nächstes dran? Sprechen ist nicht erlaubt!
3. Im Kreis macht jede Rassel reihum und nur kurz ein Art Begrüßung, Abschiedsgruß oder einen abschließenden Satz – eine Rückmeldung (Wie war die Diskussion, das Spiel, die Stunde, der Tag?), eine Aussage über die eigene Befindlichkeit …

Säckchenmusik

Halstücher werden mit verschiedenen Materialien gefüllt (Holz-, Glasperlen, Wal-, Haselnüsse, Kronkorken, Bohnen, Getreide …), etwa eine große Handvoll und fest verknotet. Jeder erhält ein Tuch mit einem anderen Inhalt.
1. Alle stehen im Raum verteilt, werfen die Säckchen in die Luft und lassen sie immer wieder auf den Boden fallen. Auf die Zufallrhythmen und Geräusche achten.
2. Im Kreis stehen, die Säckchen nacheinander kurz in die Luft werfen und wieder auffangen. Einen gleichmäßig umlaufenden Puls anstreben.
3. Zwei bis vier Personen bilden ein kleines Orchester und studieren etwas ein. Können sie anschließend eine kleine Säckchenmusik vorspielen?

2. Trommeln zu Silben, Worten, Reimen

Das Tierkonzert

Zuerst probieren alle Gruppenmitglieder verschiedene Tierlaute mit ihrer Stimme aus und ahmen so gemeinsam Tiere nach. Dann entscheidet sich jeder für ein Tier, um sich ein verrücktes Tierlied auszudenken: *Quarkquarkquarkquark-quark-quark ...* , *miau – miau – miaumiaumiau ...* Im nächsten Schritt begleitet sich jeder selbst spontan auf einer Trommel und führt es vor. Zum Schluss singen alle „gemeinsam".

Geschichten trommelnd erfinden

Eine Person beginnt und erfindet einen Satz, z.B.: *„Neulich ging ich in die Stadt."* Alle wiederholen den Satz und trommeln Silbe für Silbe dazu. Eine weitere Person fährt reimend fort, z.B.: *„Ich verlief mich glatt."* Auch dies wird von allen wiederholt ... Zum Schluss ist ein kleines Gedicht oder eine kurze Geschichte entstanden, das oder die aufgeschrieben und dann durchgängig trommelnd und sprechend wiederholt werden kann.

Trommelsprache erfinden

1. Ein bekanntes Lied mit kurzen Strophen, etwa *„Hoch soll er leben"*, aussuchen, singen und die Silben klatschend begleiten. Anstelle der Worte gemeinsam ein Silbenkauderwelsch einsetzen, hier z.B.: *„Kitsch badö dikum, kitsch badö dikum, büh tja kum,"* und dazu ebenfalls klatschen.
2. Das neue Lied rhythmisch auf Trommeln begleiten.
3. Jeder erfindet seine eigene Liedsprache und singt und trommelt sie vor.

Weiterführende Varianten:
4. Nur zwei Silben für einen hohen und einen tiefen Trommelton auswählen, z.B.: Hoch – *„ki"*, tief – *„bo"* („Ki" am Fellrand der Trommel mit den Fingern und „bo" in der Fellmitte mit der flachen Hand spielen). Das Lied *„Hoch soll er leben"* könnte sich dann so anhören: *„Bo – kikiki – ki –, bo – kikiki – ki –, bo – ki – ki."* Der neue Text wird gelernt und dann entsprechend mit hohen und tiefen Trommelschlägen begleitet.
5. Mit einer hoch und einer tief klingenden Silbe wird ein bekanntes Gedicht ähnlich verfremdet, oder gar ein neues ausgedacht und an den Trommeln wie oben begleitet: *Dodoti – dododo – dodotitidododo*, usw.

Auf dem Piratenschiff

Alle sitzen mit einer Trommel im Kreis. Es sind Piraten auf hoher See, unterwegs zu einem Raubzug. Reihum darf jeder einmal Schiffskapitän sein und Befehle erteilen:

1. Das Schiff liegt still, es gibt keinen Wind, also müssen alle rudern! Der Kapitän gibt den Ruderrhythmus auf einer Trommel an und ruft etwas dazu, z.B.: *Eins – zwei – ru – dern – eins ...* , oder: *Eins und zwei und eins und zwei ...* , oder: *Und ziehn und ziehn ...* und alle sprechen, rudern, trommeln mit.

2. Der Kapitän ruft: *„Achtung Sturm!"* – es folgt ein Trommelwirbel. Er ruft und trommelt: *„Segel einholen"*, reihum wiederholen und Silben dazu trommeln. Ebenso geht es mit: *„Schnel-ler!"*, *„Kisten festbinden!"*, ...

3. Der Kapitän schaut durch sein Fernrohr: *„Schiff in Sicht"* und alle Matrosen wiederholen es nacheinander rufend und trommelnd. Ebenso: *„Hart steuerbord!"*, *„Kanonen raus!"*, ...

4. Doch nicht ein Schiff, sondern eine riesige Flotte kreuzt dort auf dem Meer. Es wird hektisch auf dem Piratenschiff: *„Schiff wenden!"*, *„Segel setzen!"*, *„Alle rudern: Eins-zwei-eins-zwei ... !"*

Tiere wandern im Kreis – laut und leis

Zur Vorbereitung zweisilbige Tierbezeichnungen (*Ka-tze*) auswählen, eventuell auf Karten zeichnen.

1. Alle sitzen mit Trommeln im Kreis und trommeln mit rechtem und linkem Handschlag die zwei Silben gemeinsam nach. Vielleicht gelingt so ein gleichmäßiges Spiel.

2. Indem alle die zwei Silben nacheinander schlagen, können die Tiere einmal durch den Kreis „wandern".

3. Worte mit laut und leise klingenden Silben auswählen und deutlich unterschiedlich betonen. Etwa: *Wau-wau* (laut-laut), *Dra-che* (laut-leise), *Ge-knall* (leise-laut), *Mäus-chen* (leise-leise).

Diese Silben zunächst mit lauten und leisen Schlägen gemeinsam spielen und dann reihum an der Trommel begleiten.

„Eins – zwei – Spiegelei"

Diesen Abzählvers sprechen und klatschend seinen Rhythmus entdecken.

1. Der Vers wird zunächst Silbe für Silbe und in seinem Rhythmus auf den Trommeln begleitet.

2. Dann wird die Gruppe zweigeteilt. Die erste Gruppe (A) spricht und trommelt den ersten Teil (die Zahlen) und die zweite Gruppe (B) den zweiten Teil der Verszeile:

A: *Eins, zwei,*	B: *Spiegelei,*
drei, vier,	*Ungetier,*
fünf, sechs,	*dicker Klecks,*
sieb'n, acht,	*wer da lacht,*
neun, zehn,	*der muss gehn.*

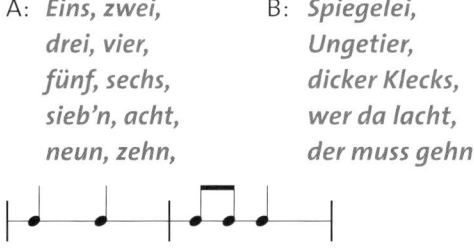

3. Varianten: a) Ganz leise und langsam anfangen, langsam schneller und lauter werden.

b) A besteht nur aus einer Person, B aus dem Rest der Gruppe. A bestimmt, ob die jeweilige Zeile laut, leise, schnell oder langsam gerufen und getrommelt wird.

c) Gruppe A spielt auf hoch klingenden und B auf tief klingenden Trommeln.

Sich trommelnd kennen lernen

1. Alle sitzen oder stehen mit Trommeln im Kreis. Nacheinander sagt jeder seinen Namen. Die anderen begrüßen jeden durch einen Trommelwirbel.

2. Ein Name wird laut: Jemand sagt seinen Namen und trommelt die entsprechenden Silben dazu, der rechte Nachbar kommt sprechend und trommelnd dazu und so weiter, bis alle diesen Namen sprechen und trommeln.

3. Fragen und Antworten: Jemand beginnt sprechend und trommelnd, z.B.: *„Ich heiße Karl.“* Er geht dann zu einem anderen Trommelspieler, fragt *„Wie heißt du?“* und trommelt diese Silben dabei auf dessen Instrument. Dieser antwortet: *„Ich heiße …“*, usw.

4. Näher kennen lernen (Lieblingsessen, Hobbies, etc.): Jemand beginnt auf seiner Trommel etwa: *„Ich mag Schokoeis, was magst du?“* Der rechte Nachbar antwortet: *„Ich mag …“* usw.

Ebenso: *„Ich spiele gern Fußball, was spielst du?“* … Oder: *„Ich bin acht, wie alt bist du?“* …

Vielleicht entwickeln sich sogar kleine rhythmische Einheiten durch die getrommelten Sätze.

„Guten Abend, Herr Spielmann“

Ein Gedicht wird mit Trommeln und Klanginstrumenten untermalt.

1. Das Gedicht erlernen, dann in zwei Gruppen, A und B, sprechen.

2. Den musikalischen Kommentar, die Bewegung bzw. das Instrument für jede Zeile festlegen oder gemeinsam auswählen. Für jede Zeile ein entsprechendes Bild vorbereiten oder malen.

Jede Gruppe erhält ihre kleine Instrumentenauswahl und probiert sie zunächst aus. Dann wird

a) jede Zeile am Ende entsprechend kommentiert,

b) jede Zeile gesprochen und gleichzeitig untermalt. Achtung, Beginn und Ende nicht verpassen!

A	*Guten Abend Herr Spielmann*	z.B.: Verbeugung
B	*wie geht es euch denn,*	Glöckchen
A	*mit der kleinen Violine*	Saiteninstrument
B	*und der großen Temm-Temm?*	tief klingende Trommel
A	*Da rasselt der Kessel,*	Rassel
B	*da klappert der Topp,*	Glocken
A	*da tanzen die Mäuse*	hoch klingende Trommel
B	*reihum im Galopp!*	reihum zwei Töne: „Galopp-galopp …“
A/B	*Trala, tralala, trala, tralala.*	alle sprechen und spielen gemeinsam

Redewendungen und „geflügelte" Worte

Redewendungen sammeln, die sich musikalisch und mit Trommeln nachgestalten lassen. Bilder dazu malen und sie entsprechend musikalisch wiedergeben. Die Bilder stumm hoch halten und musizieren oder in Gruppen aufteilen und mit Musik und Pantomime vorführen. Redewendungen aussuchen, erarbeiten, vorspielen und von den anderen raten lassen.

Beispiele: „Auf die Pauke hauen ...", „das letzte Stündlein hat geschlagen ...", mit Pauken und Trompeten ...", „zusammentrommeln ...", „wachtrommeln ...", „Krach schlagen ...", taktlos sein ...", „die Werbetrommel rühren ..."

So rennt das Pferd – rhythmische Kommentare trommeln

So rennt das Pferd:	*galopp, galopp ...*
so rennt der Esel:	*klippklapp, klippklapp...*
so rennt die Kuh:	*stupf, stupf ...*
so reiten die feinen Leute:	*hopp, hopp, hopp ...*
so reitet die Polizei:	*hephop, hephop ...*
so reitet der Dieb:	*hephephephep ...*
und so reitet die/der ... :	*hoppel, hoppel ...*

1. Den Text gemeinsam aufsagen. 2. An der Trommel die rhythmischen Kommentare am Ende jeder Zeile wiedergeben. In der letzten Zeile den Namen eines Kindes einsetzen. Dieses Kind trommelt dann etwas vor, das von allen nachgetrommelt wird.

Kräftige Bürstenborsten

Bürstenborsten bürsten gut, doch Bürsten mit schwarzen Borsten bürsten besser als Bürsten mit weißen Borsten.

1. Den Spruch fehlerfrei sprechen lernen. 2. Langsam sprechen und Silbe für Silbe mit einem Trommelschlag begleiten. 3. Jemand trägt den Spruch vor, die anderen begleiten ihn trommelnd, jedoch bei den Worten „Bürste", „Borsten" und „bürsten" muss besonders kräftig getrommelt werden.

Klapperschlang

Es klapperte die Klapperschlang, bis ihre Klapper schlapper klang.

Den Spruch schnell sprechen. Einer gestaltet die im Text beschriebenen Klänge und Bewegungen nach seinen Ideen (mit Rasseln, Klanghölzer etc.), während die anderen sprechen und jede Silbe gleichzeitig trommeln. Ist die „Klapperschlange" schlapp, wird gewechselt.

Drei Pekinesen

Drei Pekinesen mit 'nem dicken Fass,
die saßen auf der Strasse und trommelten was,
da kam die Polizei: Ei, was ist denn das?
Drei Pekinesen mit 'nem Trommelspaß!

1. Das Lied mit dem abgewandelten Text lernen und den Rhythmus der Zeilen dazu trommeln.
2. So langsam und so schnell wie möglich singen und trommeln.
3. Alle Vokale mit „i" singen („Dri Pikinisin …") und auf hoch klingenden Trommeln, oder hohe Töne (mit Fingerspitzen am Fellrand) spielen, anschließend alle Vokale durch „o" ersetzen und auf tiefen Trommeln oder tiefe Töne (mit der flachen Hand im Fell) spielen.
4. Die Liedzeilen im Wechsel hoch und tief singen und spielen.

Alles, was fliegen kann …

Alle Schwalben fliegen … hoch!
Alle Wolken fliegen … hoch!
Alle Ufos fliegen … hoch!
Alle Kühe fliegen … !

Ein Spieler ruft alle möglichen und unmöglichen Dinge und Tiere beim Namen, die fliegen oder auch nicht fliegen können. Jedesmal hebt er bei „hoch" die Hände. Die anderen Spieler trommeln leise mit den Fingerspitzen auf den Trommeln. Sie heben nur die Hände, wenn sie ganz sicher sind, dass das Ding auch wirklich fliegt. Wer im falschen Moment die Arme hebt, ist in der nächsten Runde der Ausrufer und bestimmt einen neuen Anschlag auf der Trommel.

Wie die Trommeln klingen

Trommeln kann man immer wieder hören. Die Gruppenmitglieder sammeln gemeinsam, wann und wo ihrer Meinung nach getrommelt wird: Im Zirkus, beim Militär, zum Tanzen, bei den Indianern, beim Fußballspiel, beim Schützen-, oder Trachtenumzug, in der Fußgängerzone, beim Trommelfest, beim Kindergeburtstag ... Bilder dazu malen, und das Trommeln imitieren.

Tanzt ein dicker Bär, dann trommelt' s so: ...
kommt das Militär, dann trommelt's so: ...
beim Indianertanz, da trommelt's so: ...
schießt ein Tor der Franz, dann trommelt's so: ...
hüpft ein Clown geschwind, dann trommelt's so: ...
trommelt dann ein Kind, dann trommelt's so: ...

Ein einsamer Roboter

1. Ein einsamer Roboter führt Selbstgespräche bei seiner Arbeit:

Laaaaaaaangsaaaaam ... ,	zwei Schläge in Zeitlupe auf die Trommel weit ausholen
flott-flott-flott ...	drei kurze schnelle Schläge
drücken, klopf'n, hau'n,	auf dem Trommelfell imitieren
Au! Sackl Zement nochamoi!	laut rufen
Laaaaaaaangsaaaaam ...	wie oben
flott, flott, flott ...	wie oben
putz'n, feg'n, wisch'n	wie oben
Iiiih! Pfui Deibi!	laut rufen
Laaaaaaaangsaaaaam ...	wie oben
flott, flott, flott ...	wie oben
hops'n, tanz'n', flipp'n	wie oben
Du spinnerter Uhu!	laut rufen

2. Wie hört es sich an, wenn ein alter rostiger Roboter arbeitet? Wie quietschen und leiern seine Gelenke, wie knackt und knattert sein Metallgehäuse ...?
3. Welche lustigen Schimpfworte gibt es noch, die man sprechen und trommeln kann?

3. Trommeln mit Bildern, Zeichen und Fantasien

Im Tierpark

Einen verschlungenen und verzweigten Weg mittels „Trittsteinen" durch einen „Tierpark" (mit Bildern angedeutet) auf ein großes Plakat aufzeichnen. Immer wieder „Aussichtsplattformen" und Tierbilder am Wegrand hinzufügen. An diesen Stellen (Plattformen) können die Tiere beobachtet und gehört werden. Mit

der Hilfe von Würfeln und bunt bemalten kleinen Steinen bewegen sich alle durch das Gelände. Die Geräusche der Tiere werden auf Trommeln, mit Schlägeln und Händen imitiert:
galoppierende Wildpferde, klopfende Spechte, in der Erde wühlende Wildschweine, in den Sumpf und ins Wasser hüpfende Frösche, mit ihren Geweihen kämpfende Hirsche, am Holz knabbernde Käfer ...

Ein Klang-Memory

Dicke Pappe wird in gleich große Quadrate geschnitten. Auf der einen Seite werden in doppelter Ausführung Klang- und Geräuschbilder gemalt, z.B. Wettersituationen (Donner, Blitze, Hagel, Schnee ...), Tiere in Aktion (Gorilla, der sich auf die Brust schlägt; Storch, der nach einem Frosch schnappt ...) usw. Deckt jemand zwei gleiche von den verdeckt liegenden Karten auf, darf er die dargestellte Klangsituation mit Trommeln und Klanginstrumenten nachstellen und noch einmal aufdecken.

Spontan Rhythmen malen

1. Alle stehen vor einem umgedrehten, längeren Stück Tapete und halten
a) zwei Filzstifte in der Hand. Einer jedoch steht oder sitzt an einer großen Trommel. Dieser beginnt ein abwechslungsreiches Trommelspiel, das die anderen spontan mit Linien und Punkten umsetzen, oder b) mit bloßen Händen und Fingerfarben, oder c) mit Fingerfarben auf bereits aufgetragenen Tapetenkleister aufmalen.
2. Während jemand trommelt und vielleicht noch ein zweiter ein weiteres Instrument spielt, bemalen einige andere eine große weiße Wand oder ein großes Tuch (aneinander genähte Bettlaken) mit großen Pinseln und Abtönfarben.
3. Umkehrung: Ein „Maler" an einer großen Leinwand gibt vor, wie und was die anderen an ihren Trommeln spielen sollen.

Die verrückte Schreibmaschine

Es werden Paare gebildet, bei denen A an einer Trommel sitzt und B sich gegenüber, mit einer Reihe Papierblätter und Wachsmalstiften, postiert. Beide stellen die verrückte Schreibmaschine dar. Während A ein wenig verrückt die Trommel wie eine Schreibmaschinentastatur bedient, versucht B das Gesehene und Gehörte auf das Papier zu bringen.
A versucht eine verrückte Geschichte zu schreiben, A muss sehr schnell schreiben oder kann nur unbeholfen langsam tippen ...

Geheimcode versenden

Zwei Detektivbüros schicken sich gegenseitig verschlüsselte Botschaften zu. Sie behandeln einen Fall gemeinsam. Büro A: Eine erste kurze Mitteilung, z.B.: *„Der Dieb kommt bald!"* wird in den entsprechenden Trommelrhythmus umgesetzt (2x kurz, 2x lang) und dieser wiederum wird in einen Strichcode umgewandelt, z.B.: ▪▪ – – Dieser Code wird auf einem Zettel zum Detektivbüro B (im Nachbarraum) gebracht und dort trommelnd entschlüsselt. Der Überbringer darf nur die Richtigkeit des Rhythmus bestätigen. Er erhält im Gegenzug eine Nachricht für das Büro A. Die wird dort ebenso behandelt. Nach einer Weile treffen sich beide Büros und offenbaren sich ihre wörtlichen Mitteilungen in der entsprechenden Reihenfolge. Haben sie tatsächlich an einem gemeinsamen Fall gearbeitet?

In der Stadt wird gebaut

Wir fahren mit dem Bus durch die Stadt. Überall wird gebaut und die Baustellen und ihre Geräusche ziehen an uns vorbei.

Beispiele: *Eine Strasse wird aufgerissen* (schnelles Trommelspiel), *im Park wird frische Erde geharkt und flach- und festgeschlagen* (mit Fingernägeln und flacher Hand auf dem Trommelfell), *ein Haus wird mit einer Metallkugel abgerissen, sie donnert gegen die Wände* (mit beiden Händen schlagen), *ein Holzzaun wird zusammengenagelt* (mit einem Schlägel imitieren), *lose Steine im Fußweg werden wieder festgeklopft* (mit Fäusten), *eine kleine Steinmauer wird umgeworfen und die Steine poltern übereinander* ...

1. Beispiel auswählen und mit Trommelspiel darstellen.
2. Zeichen und Bilder für die einzelnen Szenen ausdenken und malen. Musikalisch nachgestalten.
3. Bilder in eine Reihenfolge bringen und so eine musikalische Busreise durch die Stadt machen.

Monster und gute Fee

Ein Monster und eine gute Fee treffen in einer engen Schlucht aufeinander. Jeder möchte, das ihm der andere Platz macht. Das Monster ist laut und hat eine tiefe Stimme (Trommel). Die gute Fee spricht leise und mit hoher Stimme (Triangel o. Ä.). Zunächst sind beide noch freundlich miteinander und versuchen den anderen zu überreden ...

Doch beide sind stur. Das Monster wird böse und die gute Fee auch ...

Da bemerken sie endlich, das niemand Platz machen kann, weil es dafür zu eng ist. Aber was nun? Gehen sie zusammen in eine Richtung oder trägt das Monster die gute Fee (zusammenspielen), gibt die gute Fee einen Wunsch für das Monster frei (Triangelspiel), geht jeder wieder seinen Weg zurück (jeder spielt für sich)?

4. Trommeln nach „Noten"

Zeichen für Rhythmen und Klänge

Soll eine gehörte oder eine gerade selbst gespielte Musik in Grundzügen wiederholbar sein, bietet es sich an, Klänge und Rhythmen kindgerecht bildlich darzustellen. Dazu gibt es ein paar Möglichkeiten.
Verschiedene Wege führen zu einer solchen Darstellung. Beispiel: Es wird eine Geschichte erzählt und verklanglicht und gleichzeitig auf Kassette o. Ä. aufgezeichnet. Beim nochmaligen Hören der Klanggeschichte zeichnen und malen alle. Die Zeichnungen können im letzten Schritt noch einmal in Musik umgesetzt werden.

Darstellungsweisen:

1. Die vereinfachte Darstellung der zu benutzenden **Instrumente** (ikonische Zeichen):

2. Die Verwendung von leicht zu übersetzenden **Symbolen**:

3. Die abstrakte, aber einfache Darstellung von Rhythmen durch **Punkte und Linien**:

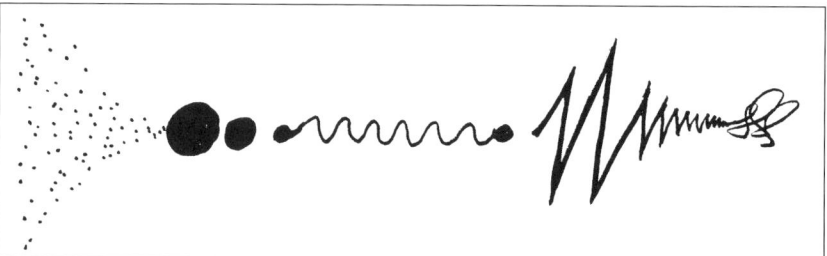

4. Die Verwendung von einfachen „**Handzeichen**" für das Trommelspiel mit der bloßen Hand:

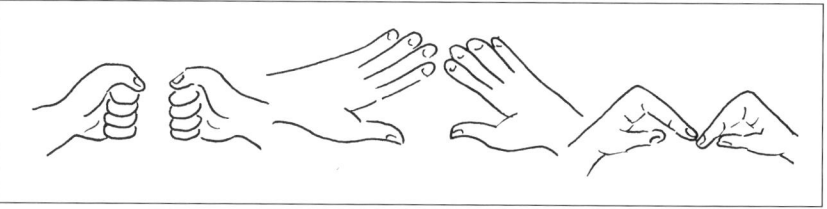

5. Die Darstellung von Rhythmen und musikalischen Aktionen in Rastern, unter der Verwendung von abgesprochenen „**Hieroglyphen**" oder **Buchstaben** (s. Anhang).

Anmerkung: Da Kinder, je nach Alter, selbst zuerst den Klangerzeuger und nicht den Klang darstellen und als musikalische Anfänger mit sehr abstrakten Zeichen wie der herkömmlichen Notenschrift schwer zurecht kommen, bietet es sich an, mit ihnen selbst Klang- und Rhythmuszeichen zu erfinden und gegebenenfalls mehrere Darstellungsformen zu kombinieren. Eine mögliche, schon sehr komplexe **Kombination**.

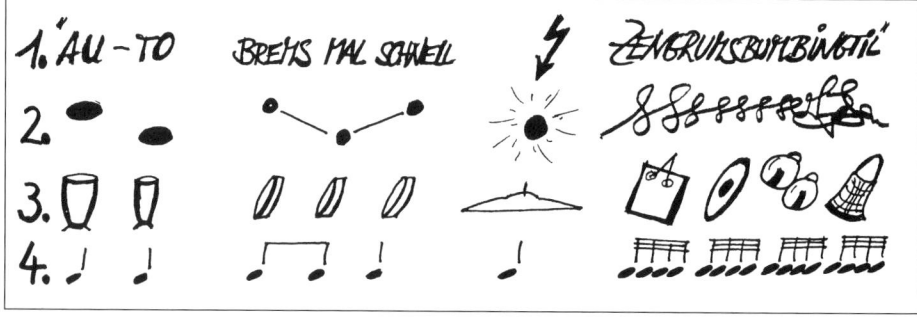

5. Trommelstücke nach Zeichen und Bildern

Auf ein längeres Stück Tapete wird eine einfache Abfolge von Zeichen und Bildern gezeichnet. Sie stellen eine kurze Geschichte oder ein Ereignis dar. Gibt es Symbole und Zeichen werden sie zuvor einzeln gelernt und geübt. Beispiele:

1. Der Auf- und Abzug eines **Unwetters** wird bildlich dargestellt und akustisch wieder gegeben:

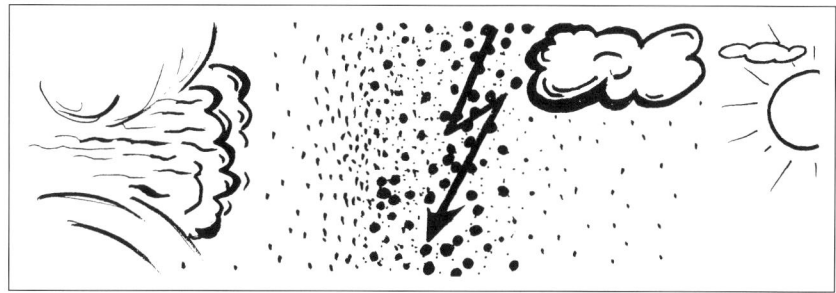

2. Eine **Gebirgskette** wird wie durch ein Fernglas langsam von links nach rechts betrachtet und die herausragenden Spitzen durch laute, Schluchten durch leise Trommelschläge hörbar gemacht, ebenso werden Täler, Höhenzüge, auf und absteigende Gebirgszüge dargestellt:

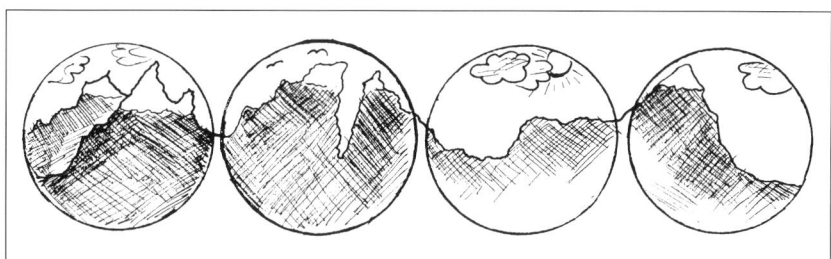

3. **Tarzan** ist in eine tiefe Wilderergrube gefallen und muss befreit werden. Ein Freund trommelt ein Signal für die Gorillas, die wiederum schicken das Signal weiter zu den Rennmäusen, die trommeln es zu den Elefanten und die trampeln herbei und retten Tarzan mit ihren langen Rüsseln:

4.   Die **Indianer** feiern eine erfolgreiche Jagd mit Trommeln. Auf ihren Trommeln gestalten sie den Verlauf ihrer Jagd nach: Alle gehen fröhlich los, sie schleichen sich an die Beute an, es raschelt im Gebüsch, das Wild galoppiert davon, ein Schuss der trifft, zuletzt der Streit darüber, wer der erfolgreiche Schütze war:

„Hammer, Hammer, klopf, klopf"

1. Ein kurzes Gedicht wird aufgeschrieben und mit Punkten und Linien für kurze und lange Notenlängen versehen.

2. Diese Zeichen werden rhythmisch auf den Trommeln wiedergegeben.

3. Es kann gemeinsam die herkömmliche Notenschrift hinzugefügt werden. Beispiel:

6. Dirigentenspiele

Handzeichen

Kleine Dirigenten benötigen klare Anweisungen, d.h. Spielregeln und Handzeichen, die sie verwenden können und die von allen verstanden werden. Dieses sind allgemeine Zeichen für

den Beginn: Den Spielkreis „umarmen", Arme heben und senken;

den Schluss: Den Spielkreis „umarmen" und zur Mitte nach unten hin „zusammenfalten";

„stopp": mit einer aufgerichteten Hand und Handinnenfläche auf den jeweiligen Spieler zeigen;

„weiter": Mit dem Zeigefinger auf die jeweilige Person zeigen;

das Tempo: Mit den ausgestreckten Händen im gewünschten Tempo auf- und niederfahren;

laut: Mit den flachen Händen etwas von unten „anheben";

leise: Mit den Händen etwas „niederdrücken".

Der Tanz des Magiers

Der „Magier" trägt einen langen Mantel, auf den eine Unzahl Glöckchen und Rasseln genäht wurden.[20] Solange er mit ihm durch den Raum tanzt, begleiten ihn alle anderen auf den Trommeln entsprechend seiner Tanzweise. Hält er inne, müssen alle augenblicklich still sein. Der Mantel wird natürlich weiter gegeben.

Musikmaschine

Alle Kinder sitzen mit Trommeln und Klanginstrumenten nach außen gekehrt im engen Kreis. Ihr Rücken wird innen von einem „Maschinenmeister" wie eine Art Schaltpult behandelt:

Berührung an der rechten Schulter: *Spielen!* und der linken Schulter: *Aufhören!*
Mit dem Zeigefinger die Wirbelsäule hinunter fahren: *Leiser!* und die Wirbel-
säule hinauf fahren: *Lauter!* Mit den Fingern einer oder beider Hände auf den
Rücken klopfen: *Diesen Rhythmus und das Tempo spielen!* und mit der flachen
Hand über den Rücken streichen: *Einen Klangteppich/Wirbel fabrizieren.*
Auf diese Weise kreiert der „Maschinenmeister" *seine* „Maschinenmusik".
Natürlich werden die Instrumente und Rollen getauscht.

Dirigent oder Solist

Alle gehen, tanzen oder stehen verteilt im Raum und spielen frei auf einem
Instrument. In der Mitte des Raumes steht ein Stuhl. Sobald jemand von den
Spielern auf diesen Stuhl steigt, hören alle auf zu spielen und wenden sich diesem Spieler zu. Er hat nun die Wahl, entweder ein Solo zu spielen oder die anderen mit verabredeten Zeichen zu dirigieren: Anschließend müssen alle wieder
eine zeitlang frei spielen können, wenn der Stuhl wieder frei geworden ist.

Die kleine und große Zauberpuppe

1. Eine Tütenpuppe dirigiert eine Trommlergruppe.
Versteckt sie sich in der Tüte, ist es ganz *still*;
guckt sie ein bisschen aus dem Versteck hervor, spielen alle *leise*;
lehnt sie sich weit heraus, spielen alle *laut*;
dreht sie sich auf bestimmte Weise hin und her, spielen alle diesen *Rhythmus*.
2. Die Zauberpuppe kann sich auch in einen echten Menschen verwandeln und
weiter dirigieren.
Man kann sich ganz klein machen (*Stille*), sich nur etwas oder ganz aufrichten
(*leise – laut*), sich in einem bestimmten *Rhythmus* hin und her drehen (nachahmen). Welche Möglichkeit mit dem ganzen Körper zu dirigieren gibt es wohl
noch?

Dirigieren mit dem Körper

Es gibt verschiedene Möglichkeiten mit dem Körper eine Trommelgruppe zu
dirigieren.
1. Jemand geht, schleicht, hüpft, galoppiert, krabbelt, schlängelt ... durch den
Raum.
2. Jemand sitzt auf einem Stuhl und tippt, stampft, scharrt ... mit den Füßen am
Boden.

3. jemand veranstaltet ein Schattenboxen mit Einzel- oder einer Serie von Schlägen, mit kräftigen oder zaghaften Schlägen ... in die Luft;
4. oder jemand tanzt, wiegt sich, dreht sich ... im Raum.
Die Trommler versuchen alles so genau wie möglich zu imitieren.

Dirigent mit Bildkarten

Für eine gemeinsame Trommelmusik werden Zeichen oder Bilder vereinbart und auf Pappkarten gemalt. Die Umsetzung von Zeichen in Rhythmen muss zunächst geübt werden. Reihum darf dann jeder einmal Dirigent sein. Er hebt dazu eine Karte in die Luft und die darauf gezeichnete symbolische Anweisung oder der vermerkte Rhythmus wird von allen durchgängig gespielt. Rhythmuskarten z.B.:

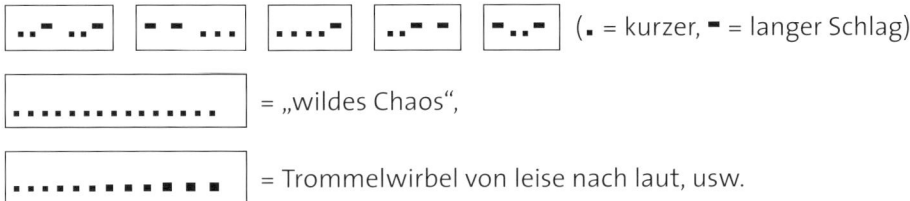

Taktieren und dirigieren ...

... wie die Profis. Der erste, jeweils nach unten geschlagen Puls, erste Zählzeit genannt, erhält eine besonders starke Betonung. Die Trommler stellen ihre Spielweise auf die Bewegungen des Dirigenten ein, ohne dass er den Takt zuvor bekannt gibt.

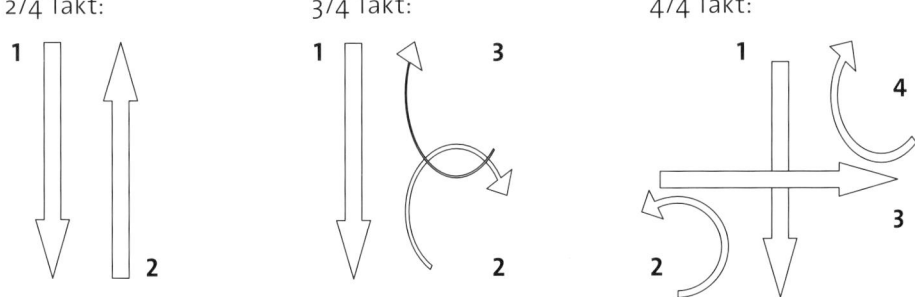

7. Trommeln und Bewegung

Blindfisch

Die Teilnehmer der Gruppe verteilen sich im Raum als gefährliches Riff. Sie tragen *Metall-Klanginstrumente* (Glocken, Triangel, Becken, Klangstab). Einer spielt den hilfreichen, weitsichtigen Trommel-Kraken, der einen weiteren Spieler als Blindfisch (mit verbundenen Augen, *Tuch*) durch das Riff dirigiert. Dazu benutzt er verabredete *Trommel*-Zeichen (für links, rechts, geradeaus), weil sie so weit zu hören sind.

Trommelzeichen: – geradeaus: ♩ ; rechts ♪ ♪ ; links ♪ ♪ ♩

Sobald der Blindfisch dennoch einem Teil des Riffs zu Nahe kommt, warnt dieser Teil mit metallischem Klang. Wenn er aber das Riff berührt, werden die Rollen getauscht. Trommel-Krake und Blindfisch werden immer wieder neu besetzt.

Roboter testen

Die Gruppe teilt sich. A spielen die Roboter und B die Mechaniker. Jeder Mechaniker muss innerhalb eines Zeitraumes einen Roboter nach seiner Beweglichkeit und Reaktionsfähigkeit testen. Danach erstarren die Mechaniker zu Robotern und die Roboter werden lebendig. Testmethode:
Die Mechaniker haben 4 (Mess-)*Instrumente* (Trommeln und weitere Instrumente) unterschiedlicher Art. Je eines testet Kopf, rechten, linken Arm und Rumpf. Die Instrumente sollten nach und nach eingeführt werden.
a) *Klangteppich* (Wirbel) auf einem Instrument: Der Körperteil, der diesem Instrument zugeordnet wurde, wird frei in alle Richtungen bewegt.
b) *Rhythmisches Spiel*: Der entsprechende Körperteil bewegt sich ruckartig im Rhythmus mit.
Kann der Mechaniker auch zwei Instrumente gleichzeitig bedienen?

Fuß- und Handball-Training

In einem großen, freien Raum werden 10–20 *Luftballons* verteilt. An einer Stirnseite sitzen die Fußball-Trainer und daneben die Handball-Trainer. Sie sind gleichzeitig die Fuß-, bzw. Handballer auf der Reservebank. Abwechselnd wird ein Spieler ins Training geschickt. Er muss so oft wie möglich die Ballons durch den Raum kicken (Fuß) und schlagen (Hand).
Bei jedem Kick kommt ein bekräftigender Schlag auf den *Trommeln* der Fußball-Trainer, – bei jedem Schlag ein entsprechender Ton von der Handball-Fraktion, die ihrerseits *Metallinstrumente* benutzen. Die Trainer reagieren also auf das Spiel der Spieler.
Ergänzung: Das Aufblasen der Luftballons nacheinander mit entsprechendem durchgängigen Trommelwirbel begleiten. Was geschieht, wenn einer platzt?

Tanzbär-Konzerte

An geeigneter Stelle liegen 2 *Sportreifen* nebeneinander am Boden. Sie stellen die Konzertbühne dar. In ihnen liegen Instrumente bereit: Eine *tief klingende Trommel*, auf der ein gleichmäßiger Puls (Metrum) gespielt werden soll und eine *hoch klingende Trommel*, auf der Einwürfe, Akzente, rhythmische Muster

gespielt werden können. Nahebei liegt noch ein *Metallinstrument* als Signalge-
ber für Beginn und Ende einer Vorstellung.
Ein Tanzbär-Ensemble besteht aus 3 Personen, einem Tanzbären, der zu der
Musik von zwei Trommlern tanzen wird. Der Bär bewegt sich zum Puls der tiefen Trommel und lässt sich auch von dem Spiel der hohen Trommel zu weiteren
Bewegungen verleiten.
Die Gruppe teilt sich in je drei Akteure. Sie besprechen untereinander die Rol-
lenverteilung und der kleine Wettbewerb kann beginnen! Der Spielleiter oder
immer wieder jemand aus dem Publikum bestimmt Start und Ende einer Aufführung.

Indianischer Kriegstanz

Zwei bis drei Trommeln (z.B. Congas, Pauken ...) stehen in der Mitte des Raumes
(Tanzplatz der Indianer) beieinander. Jeder Indianer besitzt einen Tomahawk
(weichen Schlegel), der am hinteren Ende mit kurzen Kreppbändern, Federn
o.Ä. geschmückt ist. Diese Kriegsbeile schwingend tanzen alle um die Trommeln herum, während immer nur zwei von ihnen mit den Schlegeln auf den
Trommeln spielen und von Zeit zu Zeit, im fliegenden Wechsel abgelöst werden.
Ein „Indianergesang", z.B.: „*Hey-ja-na-na-hey-ja-na-na* ..." kann den Tanz und
das Trommeln unterstützen.

Geheimnisvoller Klangwald

In einem verzauberten Wald rascheln nicht die Blätter, sie klingen. Jeder Baum
klingt anders.
Dazu verteilt sich die Gruppe im Raum. Alle liegen am Boden, von dort wachsen sie langsam vom Samen zum Baum heran. Jetzt wachsen ihnen schon die
Klangfrüchte (*Handtrommeln, Klangstäbe, Glöckchen,* ...).
Manchmal weht der Wind durch den Wald (jemand tanzt mit einem wehenden
Tuch vorüber), dann bewegen sich die Bäume und klingen, wenn er vorüber
kommt.
Der Wind säuselt leicht, der Wind fegt durch den Wald, der Wind umweht
einen Baum, der Wind braust auf und bricht ab, es gibt Windböen und Wirbel-
stürme, nur einen Hauch ..., entsprechend klingen die Bäume. Der erschöpfte
„Wind" sucht sich einen Nachfolger.[21]

„Hört mal her!"

In der Stadt ist es laut und hektisch, jeder beschäftigt sich mit sich selbst und
kümmert sich nicht um die anderen.

Auf dem Spielplatz gibt es ein buntes Treiben.
Alle laufen aufgeregt umher und spielen zu ihren Bewegungen ein tragbares Schlaginstrument. Wenn jemand ruft: „Hört mal her!" wird·alles still und starr. Der Rufer möchte etwas erzählen und hat sich dazu auf Stuhl/Turnmatte o. Ä. gestellt. Alle lauschen der kurzen musikalischen Erzählung und hören zu, bis der Erzähler diesen Platz verlässt.

Varianten:

- 👁 Jeder spielt sehr leise für sich selbst. Auf dem Stuhl aber wird laut gespielt, während die anderen leise weitermachen.
- 👁 Alle gehen schweigend und still durch den Raum – sehr in Gedanken. Wenn sich aber zwei am Stuhl ... treffen, tratschen sie eine kurze Weile mithilfe ihrer Instrumente und gehen dann wieder auseinander. Die anderen haben ganz neugierig zugehört.

Krachmacher-Lied

Wir sind die wilden Kinder und machen richtig Krach,
wir tanzen, singen, springen den ganzen langen Tag.
Wir wollen spielen, mit einem Holzstuhl ...,
(– auf diesem Boden, – an dieser Heizung,
– an diesem Wandschrank ...)
Wir sind die wilden Kinder und machen richtig Krach.

nach: „Wir sind die Musikanten"

Die Krachmacher-Bande singt dieses Lied und begleitet sich tanzend, springend, hüpfend durch den Raum mit zwei *Klanghölzern* (Bambusstäbe), trifft sich dann am besungenen Ort und spielt darauf nochmals die Zeile „*Wir sind ...*". Anschließend schwirren sie wieder singend und Klanghölzer schlagend durch den Raum.

Varianten:
a) Alle trommeln mit den Händen auf den entsprechenden Gegenständen den Rhythmus des Liedes mit.
b) Neue Liedvariante: „*Wir wollen spielen, mit einem Nachbarn.*" Benachbarte Kinder schlagen gegenseitig auf ihren Klangstab, im Rhythmus des Liedes.

In der Detektiv-Schule

Alle Gruppenmitglieder absolvieren ein Training in einer Detektei, die junge Talente zu Detektiven ausbildet. Wichtigste Fähigkeiten: Auf Zehenspitzen gehen, anschleichen, auf dem Boden robben, schnell laufen, balancieren, unauffällig schlendern ... und rückwärts gehen können!

Die berühmte Spürnase der Stadt „Mister XY" leitet die Schule (zuerst der Spielleiter).

Trainingsverlauf: „Mister XY" bestimmt die Bewegungsart, spielt einen anhaltenden *Trommel-Wirbel*, währenddessen sich die Lehrlinge entsprechend der Anweisung durch den Raum bewegen müssen. Wenn die Trommel plötzlich schweigt, ist „Gefahr in Verzug" und die Kinder ziehen sich vorsichtig, rückwärts gehend zum „Mister XY" zurück.

Cowboy Jonny, Cowgirl Jenny und ihre Freunde

Eine Gruppe Cowboys und Cowgirls reiten durch die Prärie auf der Suche nach Abenteuern. Sie reiten hintereinander und immer wieder übernimmt jemand anderer die Führung.

Trommelschlag auf einer *hohen Fell-Trommel:* Schritt, Trapp, Galopp der Pferde
– auf einem *Holzblock:* Ochsenfrösche kreuzen hüpfend den Weg
– auf einem *Metallinstrument:* Breitbeinig schreitend wie ein Cowboy/Cowgirl
– mit einer *Rassel/einer Klapper:* Klapperschlangen schlängeln sich zischend davon
– auf einer *tiefen Fell-Trommel:* Auseinander rennen und sich verstecken (Indianer? Gangster?).

Trommeln und ihre Bedeutung auf große Plakate zeichnen. Die Zuordnung ausprobieren. Die Anzahl der Bewegungsarten gegebenenfalls kürzen.

Der Instrumentalist bestimmt durch Instrumentenauswahl den Ablauf der Reise, übernimmt eine Zeitlang die Führung der Gruppe. Dabei kann er die Geschwindigkeit, die Dauer, die Intensität der einzelnen Phasen immer wieder neu gestalten. Nach festgelegter Zeit schließt er sich hinten an die Gruppe an.

Umkehrung:
Die Tiere auf dem Weg in die Arche Noah

Eine Tierart nach der anderen zieht los, um in die Arche zu gelangen. Die Menschen beobachten sie. Welche Tiere sind das?

Etwa Zweidrittel der Kindergruppe denkt sich im Verborgenen eine Tier- und ihre Bewegungsart aus. Die restlichen Kinder sitzen hinter einer Anzahl verschiedener Trommeln und Instrumenten, imitieren mit Rhythmen, Klängen oder Geräuschen spontan die Bewegung der anderen, um anschließend die Tierart zu erraten. Bald sind diese Tiere in der Arche und die Rollen werden neu verteilt.

„Ich sing Ma-Ma" – kleine Choreographie

(A) *Ich - brüll - Bla - Bla,* (B) *blä-blö-blä-blö-Bla - Bla,* (laut)
(C) *ich - sing - Ma - Ma,* (D) *mä-mö-mä-mö-Ma - Ma* (leise)

(E) *ich - - - mach - - -: Bwwwiiiiiäääädrrrroioiooioinönönönö - STOPP!*

Die Gruppe teilt sich in Tänzer und Trommler.
Die Trommler spielen im Rhythmus des Liedes, doch bei *„Bwww..."* veranstalten
sie ein großes Chaos, bis jemand laut und deutlich *„stopp"* ruft.
Die Tänzer bewegen sich im Kreis zum Lied:
(A) In Kreismitte stampfen, rechts-links-rechts-links.
(B) Rhythmus klatschen.
(C) Auf Zehenspitzen rückwärts gehen, rechts-links-rechts-links.
(D) Rhythmus klatschen.
(E) Bei *„ich mach"* zwei große Schritte auf der Kreisbahn nach rechts, dann wild
herumhüpfen ..., bis jemand *„stopp"* ruft. Es beginnt wieder von vorn.
Zuvor das Lied, das Trommeln und auch die Tanzschritte üben.

Fernsteuerung kaputt

Die Gruppe teilt sich in zwei Hälften. Jeweils einer von A steuert einen von B
(B stellt ein ferngesteuertes Fahrzeug dar) durch den Raum mit der Hilfe von
Trommeln oder small percussion (Glocken, Klanghölzer ...). Die Spieler von B
beginnen an den Wänden des freien Raumes.
Doch die „Rechts-links-rückwärts-Funktionen" der Steuerungen sind kaputt!
Nur das Tempo, der Rhythmus, die Intensität der Fortbewegung und die Stopp-
Funktion (*nicht trommeln*) kann gesteuert werden. Wenn die „Fahrzeuge" auf
eine Wand oder ein anderes Fahrzeug treffen, stoßen sie sich in eine entgegen-
gesetzte Richtung ab.
Aufgabe der Steuerung: Ihr Fahrzeug möglichst *nicht* mit einem anderen
zusammen stoßen zu lassen. Aufgabe der Fahrzeuge: Sie sollen sich genau nach
der Steuerung richten, im Schritt-Tempo und Gang-Art. Sie müssen die einmal
eingeschlagene Richtung beibehalten.

8. Freies Spiel

In diesem Kapitel finden sich beispielhaft nur einige von vielen Ideen für ein freies, metrisches oder unmetrisches Spiel auf Trommeln und Klanginstrumenten. Geht es auch in manchen Spielen eine Zeit lang darum, einen Rhythmus genau nachzuspielen, so liegt das Augenmerk doch auf dem individuellen, freien Spiel. Dabei gibt es kein richtiges und kein falsches Spiel, jedenfalls soweit nichts und niemand physisch und psychisch verletzt wird, oder die Grenze des „guten Geschmacks" nicht überschritten wird.

Der Regentanz der Tiere

In Indien hat es lange Zeit nicht geregnet. Das Land ist staubtrocken und Menschen und Tiere haben großen Durst. Da beschließen die Tiere, einen Regentanz zu tanzen, um die Wolken anzulocken. Jeder sucht sich ein Tier aus (Elefant, Tiger, Schlange, Affe …), überlegt, wie dieses Tier wohl tanzen würde und wie es sich auf der „Erde", d.h. dem Trommelfell anhören würde. Das größte Tier beginnt und alle anderen kommen dazu. Es wird frei gespielt, solange bis jemand „es regnet" ruft. Danach imitieren alle das Fallen der Regentropfen auf dem Instrument und das Spiel geht zu Ende.

Ausbrecher

Die Dalton-Bande sitzt im Gefängnis in Honeymoon-City. Die Gitterstäbe sind dick und fest eingemauert. Kein Gedanke an ein Ausbrechen. Doch, probieren kostet nichts. Also versucht immer wieder einer der Bande, die Stäbe zu verbiegen …
Alle sitzen mit Trommeln im Kreis und simulieren die Gitterstäbe durch ein langsames und gleichmäßiges (metrisches) Spiel. Immer wieder versucht jemand aus der Runde diese Stäbe durcheinander zu bringen, in dem er wild, chaotisch (unmetrisch) oder in gegenläufigem Rhythmus spielt. Gelingt es nicht, kehrt auch er zu dem „Gitterstäbespiel" zurück.

Variante für Geübte: Aus dem Rhythmus fallen

Alle sitzen mit Trommeln zusammen. Die Spielleitung beginnt mit einem einfachen Rhythmus, den alle schon kennen, leicht reproduzieren können oder durch einen Satz leicht lernen können. Nach einer Weile des gemeinsamen Spiels in dieser Rhythmusrunde, „verlassen einzelnen Kindern die Kräfte", „wird es jemandem schwindelig", o. Ä. und sie tun so als würden sie allmählich den

Rhythmus verlieren. Sie werden unmerklich langsamer, „stottern" den Rhythmus, lassen Schläge weg, etc., bis sie etwas ganz anderes spielen. Dann kommen sie wieder zurück zum Rhythmus der anderen. Diese merkwürdige „Krankheit" befällt die Anwesenden reihum.

Da mache ich mit!

Alle sitzen oder stehen mit Trommeln im Kreis. Jemand beginnt mit einem freien oder rhythmischen Spiel, sogleich schließt sich ein zweiter, danach ein dritter an. Dieses Trio spielt frei miteinander, solange bis der erste Spieler aufhört. Jetzt kann sich ein neues Trio zu einem neuen kleinen Konzert zusammenfinden.

Geheimsprache lernen

Alle sitzen mit Trommeln und zwei Holzstäben (Bambusstäbe, Claves) im Kreis und trommeln einen leisen Trommelwirbel (mit den Fingern). Dieser soll die Spannung steigern, bevor man das erste Geheimwort hören kann. Die Spielleitung nimmt dann die Holzstäbe und schlägt einen einfachen Rhythmus darauf (übersetzt bedeutet der vielleicht: Dick – er Hund).
1. Alle anderen beenden sofort den Trommelwirbel und spielen genau diesen Rhythmus auf der Trommel. Der Rhythmus wird so lange wiederholt, bis wieder jemand mit einem Trommelwirbel beginnt …
2. Variante für Geübte: Der übernommene Rhythmus wird von den einzelnen Spielern nach und nach leicht verändert.

Die Reise zum Meer

Alle haben verschiedene Trommeln und Klanginstrumente zur Verfügung und sitzen beisammen. Sie sitzen an einer Quelle in den Bergen und werden plötzlich von dem Geist der Quelle in Winzlinge verwandelt, die in kleinen Nussschalen auf dem Quellteich treiben. Nun beginnt eine Reise zum Meer: Von der quirligen, spritzigen Quelle, über einen sprudelnden Rinnsal, einem glucksenden, lustig springenden Bach, einem gefährlichen, reißenden Wildwasser, einem herabstürzenden Wasserfall, einem schnell fließenden Fluss, einem träge dahin gleitenden Strom, in die Mündung zum Meer. Dort schaukeln alle sanft auf den seichten Wellen.
Die Reise wird von der Spielleitung abschnittsweise beschrieben und von allen musikalisch, rhythmisch oder frei untermalt.

Eine Trommel hätt ich gern

In der Raummitte liegt eine große Anzahl verschiedener Klanginstrumente aus den Klangfamilien: Holz-, Metall-, Blas-, Fellinstrumente. Für jeden Teilnehmer gibt es eines aus einer Instrumenten-Gruppe.' Alle springen und tanzen zuerst zu einem Lied um diesen Instrumentenpool herum. Am Ende des Liedes oder bei „stopp" greift sich zunächst der Spielleiter ein Instrument. Alle anderen nehmen sich eins aus der gleichen Klangfamilie und alle spielen frei miteinander, bis das Lied wieder beginnt. Die Instrumente werden schnell zurück gelegt.

Eine Trommel ... möcht ich haben,
eine Trommel ... hätt ich gern!
Alle Tage spiel ich mir
zwei, drei Stückchen oder vier,
säng und spräng dann lustig rum,
baba bum-bum, baba bum.

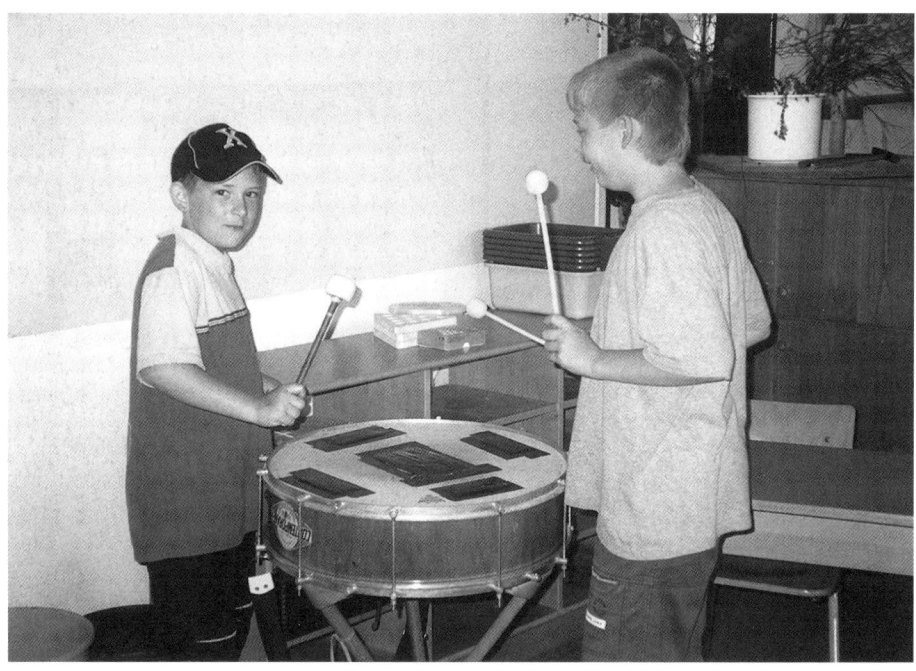

VII. Tipps und Tricks zum Trommelspiel

1. Spieltechnik

Vorbereitungen

Auf die Haltung des gesamten **Körpers** achten:
Oberkörper aufgerichtet halten, Kopf erhoben, Schultern entspannt sinken lassen, Arme fühlen sich warm und schwer an, Raum und Bewegungsfreiheit zwischen Armen und Rumpf („Tennisbälle unter den Achseln"), Brust nicht einfallen lassen, kein Hohlkreuz, keinen Buckel machen, auf dem Stuhl möglichst vorn am Rand sitzen, im Stehen, aber auch sitzend den Körper im Rhythmus leicht mitbewegen, individuelle Pausen für den Körper (Gewichtsverlagerung, Körperteile dehnen, ausschütteln) und den Geist.

Die Hände vorbereiten

Immer wieder ausschütteln, Teig kneten, im Gelenk nach oben und unten dehnen, Hände verschränken und in dem Hohlraum der Innenflächen eine imaginäre Marmorkugel polieren, Hände als Handschuhe betrachten und damit die Kleidung von oben nach unten entstauben.

Arm- und Handbewegungen

Übungen für raumgreifende Armbewegungen („Krake"); große Bewegungen bei langsamen Spiel; Schlag mit wenig Kraft, eher durch die Schwerkraft ausführen; entspannte und runde Bewegungen vor dem Oberkörper ausführen; bewegliches Handgelenk, Hand jedoch im Moment des Aufschlagens für einen klaren Ton etwas anspannen; je schneller das Spiel, desto kleiner und also energiesparender die Bewegungen; für schnelles Spiel die Hände fast nur noch aus dem Handgelenk bewegen.

Schlagtechnik für die bloße Hand

In vielen „Trommel-Kulturen" unterscheidet man im wesentlichen *4 stereotype Aufschläge*:

offener Schlag (open),	Bassschlag (bass),	„Knall"-Schlag (slap)	Fingertip (touch)

Sie entsprechen *4 Klang- bzw. Schlagqualitäten*:

Wasser (melodisch)	Erde (tief klingend)	Feuer (scharf, kräftig)	Luft (leicht, leise)

Sie lassen sich mit *4 Tiernamen* assoziieren:

Hund (Pfote, weich)	Bär (Tatze, schwer)	Schwan (patschend)	Maus (sanft, Pfötchen)

Sie entsprechen *4 Aufschlagzonen* in der Hand:

alle Finger, gesamte Fläche, ohne Daumen	Handteller	ganze, flache Hand	alle Fingerspitzen, außer Daumen

Sie entsprechen auch *4 Aufschlagzonen* auf dem Trommelfell:

aufschlagen und abprallen, vordere Fellrandzone	etwas in das Fell stoßen, Mitte des Felles	locker aufpatschen lassen, Mitte des Felles	leicht antippen, Mitte des Felles

Anmerkungen

1. Anfänger im Trommelspiel, ob groß oder klein, sollten a) einfache Rhythmen spielen lernen, in denen b) höchstens 2 Schlagtechniken verwendet werden, etwa die Schläge „Hund" und „Bär".

2. Werden kleinflächige Felltrommeln bespielt, eignen sich vor allem die Schläge „HUND" und „MAUS". Auf großflächigen Trommeln (Conga, Djembé, etc.) können alle beschriebenen Schläge ausgeführt werden. Selbstverständlich können auch Anschlagarten erfunden werden. Beachten sollte man dabei, dass sie je sehr unterschiedlich klingen.

Schlagtechnik für Schlägel

Haltung der Schlägel: In der Regel kann man den hinteren Teil des Schlägels zwischen Zeigefinger und Daumen halten, wobei die Daumenkuppe auf einer Seite anliegt und das zweite Glied des Zeigefingers auf der anderen. Die Handaußenfläche zeigt dabei nach oben und das Schlägelende (ca. 1/3) liegt in der Handinnenfläche. Die Kuppen des Mittel-, Ring- und kleinen Fingers liegen locker auf diesem Schlägelteil, führen und kontrollieren die Schlagbewegung. Je nach Schlägelgröße und Musikart kann der Schlägel auch anders gehalten werden.

Schläge ausführen: Den Schlägel zwischen Daumen und Zeigefinger festhalten und ansonsten locker in die Handinnenfläche fallen lassen. Schläge in der Senkrechten und vor allem aus dem Handgelenk ausführen. Den Schlägel von der Schlagfläche abprallen lassen, nicht aufpressen. Den Schwung für den nächsten Schlag nutzen.

Es lassen sich unter anderem tief und hoch klingende (freie Hand dämpft das Fell ab) Schläge, Knallschläge (Spannring und Fell gleichzeitig treffen = rimshot) und Presswirbel (Schlägel wird nach dem Schlag leicht aufgedrückt) ausführen.

2. Lernen und Üben

Zur „**Konservenmusik**" spielen:
a) Rhythmische Musik abspielen, diese ohne Vorgaben auf Trommeln begleiten, ausprobieren und inspirieren lassen.
b) Musik mit einfachen Rhythmen, etwa funky Musik, auf Trommeln entsprechend begleiten. Musiktipp: F. Janosa, „Das Rap-Huhn", Eres (Texte und CD)

Zum Erlernen von Rhythmen hat sich ein **schrittweises Vorgehen** bewährt:
a) Rhythmen vokalisieren (Worte, Sätze, Reime);
b) Rhythmen sprechen und gleichzeitig klatschen, bzw. auf Körperteile patschen;
c) Rhythmen sprechen und nach und nach Schlagfolge auf dem Instrument erarbeiten (Text und Schläge „zusammenstückeln");
d) Rhythmen sprechen und Schläge in die gewünschten Klänge differenzieren.

Schlagarten durch Frage- und Antwortspiele üben:
a) Jemand ruft z.B. „Bär" und alle antworten mit dem entsprechenden Schlag.
b) Jemand spielt z.B. „Bär-Hund-Bär-Hund" und alle antworten mit den entsprechenden Worten oder ebenfalls spielend.

Neben der Verwendung von erfundenen Worten für die Rhythmen können die Tiernamen (s.o.) auch in eine entsprechende Reihenfolge gebracht werden und so den **rhythmischen Verlauf** bestimmter Schlagarten angeben: Bär-Bär-Schwan, Bär-Bär-Schwan ...

Die Gruppe steht im Kreis und geht gemeinsam auf der Stelle einen Schritt rechts und einen Schritt links. So sind Schwerpunkte (der Down-Beat) festgelegt und es entsteht eine **Gruppenschwingung**. Zu dieser wird ergänzend der zu erlernende Rhythmus gesprochen. Die schweren und die leichten Schläge des Rhythmus sind nun leichter erkenn- und fühlbar.

Ein „getretener" Schwerpunkt, der aber im Rhythmus nicht vorkommt, kann auch mit einer **unbetont klingenden Silbe (um)** gesprochen werden, während die Silben des Rhythmus sprachlich deutlich hervortreten **(pa)**. Beispiel:

Schritt	re.			li.			re.			li.		
Schlag	X		X				X		X			
Silbe	pa		pa	um			pa		pa	um		

Ein **gleichmäßiges**, abwechselndes Spiel der rechten und linken Hand üben. Dazu etwa ein viersilbiges Wort durchgehend sprechen und die Silben mit dem Schlag der rechten und linken Hand begleiten. Rechtshänder beginnen rechts, Linkshänder links.

Dreierrhythmen, z.B. durch dreisilbige Worte kennen lernen, die Silbe für Silbe, – auch im Wechsel der Hände nachgespielt werden: PapageiPapagei... Die jeweils erste Silbe bestimmt den fühlbaren Schwerpunkt des Rhythmus.

Hand	re.	li.	re.	li.	re.	li.	re.	li.	re.	li.	re.	li.
Silbe	Pa	pa	gei	Pa	pa	gei	Pa	pa	gei	Pa	pa	gei

Notenwerte kennen lernen: Ein Schritt (re oder li) stellt ein Viertel dar. Worte im jeweils doppelten Tempo geben die folgenden Notenwerte an (Brot = Viertel; Bröt-chen = Achtel; Pum-per-ni-ckel = Sechzehntel):

Schritt	re.			li.			re.		li.			
Wort	BR OT			BR OT			BR ÖT	CH EN	PU M	PE R	NI	CK EL
Note	♩			♩			♪	♪	♬	♬	♬	♬

3. Einfache Rhythmen

Links/rechts bezeichnet den Schlag der **bloßen** linken oder rechten Hand.
O/B/S/T gibt die jeweilige Schlagart an:
O = open/Hund; **B** = bass/Bär; **S** = slap/Schwan; **T** = touch/Maus.
X ist ein Impuls der geklatscht oder mit einem Schlägel geschlagen wird.
Die frei gebliebenen Kästchen verdeutlichen die Länge der Pause.
Die Rhythmen können vereinfacht und auch nur mit einer Schlagart gespielt
werden.

„Kpanlogo", trad., Ghana, – mäßig schnell (vereinfacht)

A) Tiefe Trommel (z.B. tief klingende Djembé, Conga o. Ä.)

B) Hohe Trommel (z.B. hoch klingende Djembé, Conga o. Ä.)

C) Taktschlag (Händeklatschen, Klangholz …) und Schritt

„Conga Comparsa", trad., Kuba, – schnell (vereinfacht)

A) Basstrommel (O = Schlägelschlag, T = li. Hand dämpft gleichzeitig das Fell ab)

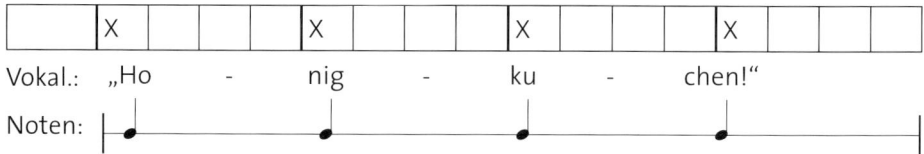

B) Conga, o. Ä.

links					S		S		S	
rechts	O		S		S		S			

Vokal.: „Hei – hört ihr was wir trom - meln?"

Noten: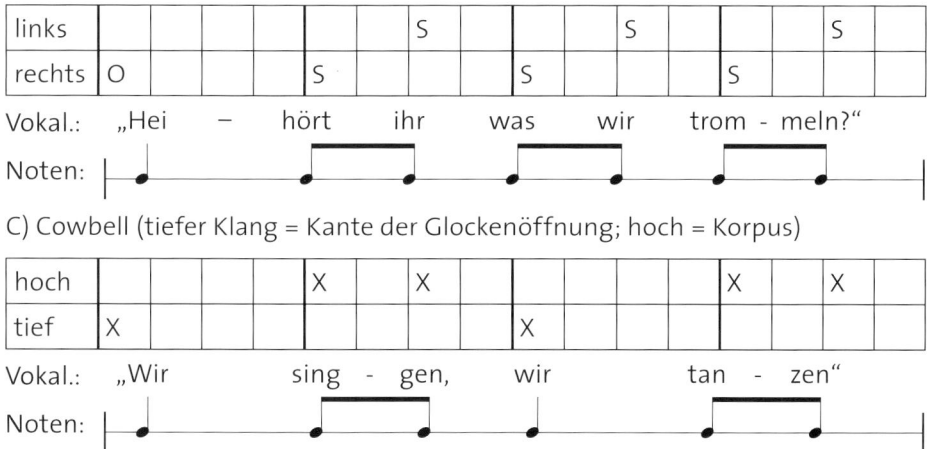

C) Cowbell (tiefer Klang = Kante der Glockenöffnung; hoch = Korpus)

hoch			X	X				X	X	
tief	X				X					

Vokal.: „Wir sing - gen, wir tan - zen"

Noten:

„Fantasie-Rhythmus", langsam

A) tiefe Trommel (z.B. tief klingende Conga, o. Ä.)

links		T		T		T		T		T		T		T		T
rechts	B		T		B		T		B		T		B		T	

Vokal.: „Scho-ko - la - de ess ich ger-ne, Scho-ko-la - de hätt ich ger-ne."

Noten: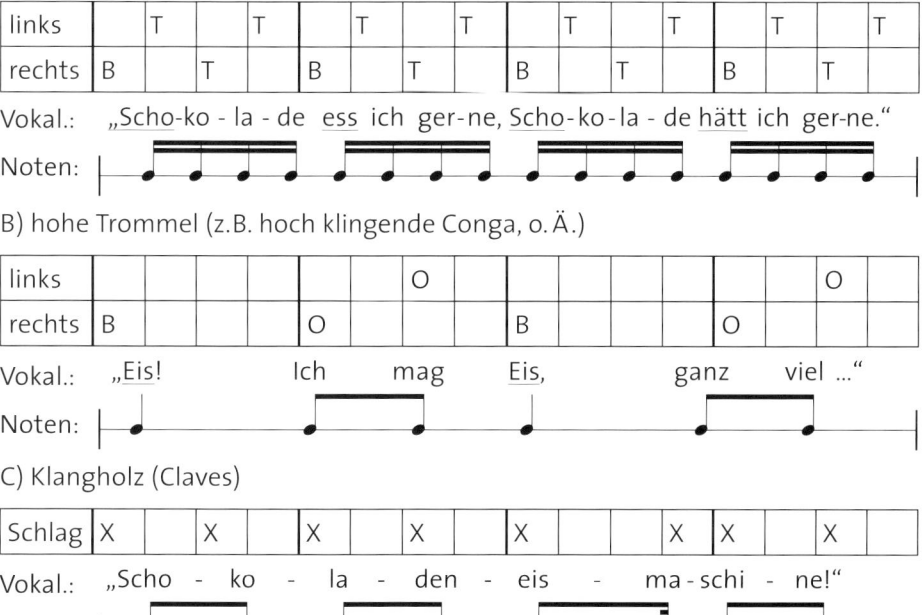

B) hohe Trommel (z.B. hoch klingende Conga, o. Ä.)

links					O				O	
rechts	B			O		B		O		

Vokal.: „Eis! Ich mag Eis, ganz viel ..."

Noten:

C) Klangholz (Claves)

Schlag	X		X		X		X		X		X	X		X	

Vokal.: „Scho - ko - la - den - eis - ma - schi - ne!"

Noten:

VIII. Geschichten spielen

Die Geschichten in diesem Buch sollten von der anleitenden Person erzählt und von den Mitspielenden in ihrer Fantasie nachempfunden werden. Die Spielanlässe, die in den Geschichten aneinandergereiht sind, stehen dabei im Vordergrund. Einige Geschichten möchten auch informieren (siehe „Kinder in Brasilien"). Vor allem sollen sie aber Lust machen auf den Umgang mit Rhythmen und Trommeln.

Vorbereitung der Geschichten

- Die Geschichte genau durchlesen, den Ablauf im Gedächtnis wiederholen.
- Die Spiele ausprobieren oder nachempfinden, Rhythmen spielen, Anweisungen für das Trommelspiel an Instrumenten ausführen, Bewegungsaufgaben durchspielen.
- Die aktuelle Gruppengröße, das Alter der Kinder, die räumlichen und materiellen Gegebenheiten berücksichtigen und Geschichten und Spiele darauf abstimmen.
- Die Rahmenhandlung einer Geschichte eventuell an den derzeitig behandelten Themenkreis oder an die Jahreszeit anpassen (z.B. „Tierkinder", „Weihnachten").
- Alternative Spiele aus der Spielesammlung aussuchen und unter Umständen für die Spieleinheit „bereit halten".
- Material sammeln (Verbrauchs- und Gebrauchsmaterial, Medien, Instrumente) und kleine Requisiten, Bilder etc. gestalten.

Planung der Spieleinheit

- Stichworte, Wendungen in der Geschichte, Spiele und benötigtes Material/Instrumente in den Ablaufplan eintragen (siehe Anhang).
- Zeit einplanen für eine *Einstiegsphase* (organisieren, Regeln abmachen, Bewegungs-/Tobespiel), für *Zwischenphasen* (benötigte Stopps in der Geschichte um Instrumente beiseite zu räumen, o. Ä.), für eine *Schlussphase* (spontane Gespräche: „Wie war es?", Instrumente sorgfältig verstauen, aufräumen ...).

Ablauf der Spieleinheit

- 👁 *Zu Beginn* mögliche Störungen von außen ausschließen.
- 👁 Entsprechend der aktuellen Befindlichkeit der Kinder die Einstiegsphase verändern (Bewegungsanlässe verschaffen, Ruhe ermöglichen), Inhalte und Charakter der beabsichtigten Geschichte abwandeln (energievoll, ruhig, spontaner Verlauf ...) oder insgesamt Alternativen anbieten (z.B. Einzelspiele, Trommeln üben ...).
- 👁 Das Thema der Geschichte mit Bildern, Natur-/Materialien, Requisiten einführen.
- 👁 Den schriftlichen Plan als „Brief", „Auftrag", „Geheimpapier", „Reiseplan", etc. oder auch als Schriftstück, auf dem die Geschichte geschrieben steht, bekannt machen und in den Verlauf einbauen.
- 👁 *Während der Spieleinheit* die Geschichte gegebenenfalls nicht ablesen, sondern mit eigenen Worten frei erzählen, spontan ausschmücken und Spannung durch eine variierte Sprachmelodie, durch Pausen, Fragen, Gestik, Mimik und Geräusche erzeugen.
- 👁 Die Kinder immer wieder mit einbeziehen: Was fantasieren sie? Wie könnte es weiter gehen?
- 👁 *Zum Ende* der Stunde eine Situation schaffen, um zur Ruhe zu kommen. Dazu Entspannungsphase, leises Instrumentenspiel (leise Instrumente), Anweisungen zum bewussten Hören von Klängen (verklingen lassen) o. Ä. anbieten.
- 👁 Einen Austausch über das Erlebte ermöglichen.

1. Spielgeschichten zum Einsteigen

Der Flug zum Mond

Inhalt: Zweier-, Dreier-, Vierer-, Sechser- und Achterschlagfolgen mit Worten und Händen
Material: kleine Requisiten/Bilder/Stoffbär/Tücher, diverse Verbrauchsmaterialien (Farben etc.)

Der kleine, braune Bär sitzt im Kinderzimmer. Genauer gesagt, – er schläft. Er schläft in einem knallroten Sessel. Es ist Nacht und in diesem Sessel schläft der Bär am liebsten, – tief und lange (Atemzüge imitieren).
Doch in dieser Nacht kommt alles anders. Gerade in dem Moment, als der Mond am Himmel erscheint, gibt es plötzlich ein Erdbeben! Alles wankt, alles schwankt! Der kleine Bär reißt entsetzt die Augen auf ... Da bemerkt er, wie sich der Sessel mit ihm in die Luft erhebt (schwankend durch den Raum bewegen).

„Oh, nein!", schreit der Bär. „Ruhe", knurrt der Sessel. „Ich muss mich konzentrieren." Und schon schwebt er wie ein betrunkener Geist durch das Zimmer. Er hält inne, ruft: „Auf die Plä-tze, fer-tig, los!" und saust auf das Fenster zu. Dem Himmel sei Dank, es ist weit geöffnet *(imitieren)*.

„Was soll das? Wo willst du hin?" Der kleine Bär klammert sich so fest an die Rückenlehne wie er kann. „In die Welt, – hab's satt immer nur herum zu stehen," tönt es laut aus dem Sessel. „Mitten in der Nacht?" „Da ist nicht so viel Verkehr!" Das stimmt. Am Tag läuft, fährt, schwimmt, fliegt alles wild durcheinander. In der Nacht kann man in Seelenruhe schlafen. Meistens, jedenfalls.

 (Gespräch: 1. Was hört man am Tag?; Tag: Stimmen, Geräusche und Nacht: Stille im Wechsel imitieren. 2. Jemand bestimmt, wann gewechselt wird.)

Der Sessel freut sich über den schnellen Flug und singt:
„Hum-ta, hum-ta, hum-ta, in den Näch-ten wer-den Träu-me wahr, ja!"

 (Den Spruch aufsagen und im Wechsel auf die Oberschenkel und in die Hände klatschen.)

„Oh, nein, ist das tief." Dem kleinen Bären wird es ganz mulmig zumute, wenn er nach unten schaut. Was ist mit dem Mond? Der wird immer größer! Himmel, der Sessel fliegt geradewegs zum ... zum Mond?

„Es scheint der Mond ..., lacht der Mond ..., träumt der Mond ..., wie ge-wohnt ... und ich flieg durch die Nacht,"

singt der rote Sessel.

 (1. Langsam aufsagen, klatschend unterstrichene Silben begleiten. 2. Zusätzlich bei „und ich ..." mit ausgebreiteten Armen durch den Raum „schweben". Mit dem Wort „Es" stehen alle wieder still und es beginnt von vorn.)

Der Sessel schaukelt bedenklich nach rechts und nach links.
„Hei-li-ger Bim-bam-bomm, steh mir bei, sei so frei,"

flüstert der Bär mit zittriger Stimme und drückt sich tief in den Sessel.

 (1. Den Spruch wiederholt sprechen, Silben klatschen, 2. Bei „Heiliger" und „steh mir bei" Kopf in die Hände legen, Rest mit Fingerspitzen klatschen.)

Da kommen sie auch schon bei dem Mond an. „Was wollt ihr Knilche hier", brummt der. „Guten Tag," sagt der Sessel. „Gute Nacht! Wenn schon," schimpft der Mond. „Hab zu tun. Schießt in' Wind. Zieht Leine!" „Aha, der Herr hat zu tun, – was denn?" Der Sessel ist die Freundlichkeit in Person. „Großes," antwortet der Mond kühl.

Oh, der kleine Bär wäre jetzt sehr, sehr gern wieder in seinem Kinderzimmer. „Ohne mich läuft bei euch da unten nix," brüstet sich der Mond und erzählt, dass er beispielsweise sechs Stunden lang das Meer den Strand hinauf zieht und danach wieder sechs Stunden lang hinunter schiebt, das wäre Flut und Ebbe. „1 – 2 – 3 – 4 – 5 – 6, ge – ni – al, wie ’ne Hex’."

fügt er oberstolz hinzu.

(1. Den Spruch mehrmals sprechen und klatschend begleiten. 2. Nicht klatschen, nur bei „1" und „ge" beide Hände stolz auf die geschwellte Brust legen. 3. Jeweils den ersten und vierten Schlag betont oder mit einer Hand auf die Brust klatschen.)

„Ah. Alles klar," gibt der Sessel zurück. Er hat aber nicht das Geringste kapiert. „Also, bis dann...," sagt er kurz angebunden, macht sofort eine zackige Kehrtwendung und braust davon. Der Bär hält sich fest, so gut er eben kann. Plötzlich ein Blitz! Ein Quietschen! Ein Scheppern! Nicht zu fassen, – die Zwei sind mit einer Rakete zusammen gestoßen. „Ist euch was passiert?" hört man eine tiefe Stimme aus ihrem Innern. „Nee," quetscht der Sessel hervor, obwohl ein Bein wackelt. „Schön. Kommt doch rein." Eine Luke geht auf und ein alter, runzeliger Mann hilft ihnen hinein. Wie sich heraus stellt, handelt es sich um einen Indianer auf dem Weg zur Sonne. Er will ihr eine Sonnenbrille bringen, als Schutz für die Augen. Bei der Helligkeit! Der Sessel und sein Passagier, der Bär erzählen gleich ihre Geschichte und auch von dem Mond. „Ja, ja der alte Angeber," sagt der Indianer verständnisvoll. „Aber die Sonne, die arbeitet wirklich viel für uns Erdenbürger. Sie macht, das alles wächst und blüht. Und die vier Jahreszeiten. Wisst ihr was das ist? Durch das Sonnenlicht und ihre Wärme, davon gibt es mal mehr und mal weniger, dadurch kommen die Jahreszeiten zustande."

„1 – 2 – 3 – 4, Frühling, Sommer, Herbst und Winter,
toll – für – uns – hier, ohne Sonne wär's nur finster."

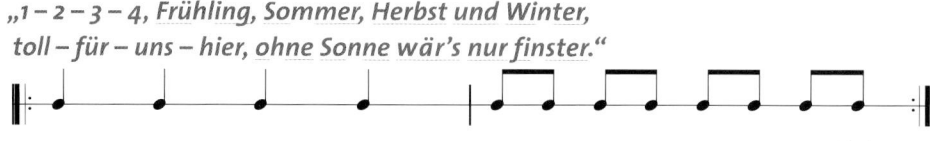

 (Im Kreis stehend den Spruch aufsagen und bei „1 – 4" auf der Kreisbahn nach rechts gehen, bei „toll – hier" wieder zurück gehen. Die anderen Silben stehend klatschen.)

Der Mann erzählt ihnen auch noch von den Dankgebeten seines Stammes (1) und wie man einen Sonnentanz machen kann. (2)
„Jetzt müssen wir aber los," drängelt der Sessel nach einigen Stunden. Er hat schon wieder Reiselaune. Der alte Indianer öffnet die Luke seiner Rakete, wünscht ihnen einen guten Flug und lässt sie wieder hinaus in das All.
„Ich will zurück nach Haus, – in mein Zimmer," bettelt der kleine Bär.
„Gemacht," ruft der Sessel und gibt Gas. Doch was ist das? Er gerät wieder ins Wanken, ins Schwanken und ins Trudeln. Er wird un-auf-hör-lich langsamer. So sehr er sich auch bemüht, bald kommt er gar nicht mehr von der Stelle ...
„Power weg, Batterie alle, keine Kraft, Puste aus," stottert der Sessel total erschöpft. „Oh, nein," der Bär sackt in sich zusammen. Und jetzt? Rudern geht nur, wenn man auf einem See schwimmt, strampeln nur auf einem Fahrrad, einfach losgehen kann man nur, wenn man auf der Erde steht ...

 (Verschiedene Fortbewegungsarten, aber auf der Stelle bleibend, imitieren.)

Kalt ist es hier oben, finster, schwarz, so fürchterlich still ...
Auf der Erde da hinten wird es gerade wieder hell, sie leuchtet regelrecht, sie funkelt. Aber halt! Plötzlich regt sich dort etwas. Etwas aus Licht und Farbe. Langsam wölbt sich ihnen von der Erde ein riesiger Regenbogen entgegen. Schon berührt er den Sessel. Der kommt ganz allmählich in Bewegung, ins Rutschen ... Oh – da sausen die Beiden mit einem Affenzahn den Regenbogen hinunter.

 (Mit bunten Tüchern in den Händen in einer Reihe durch den Raum sausen.)

Das geht selbst dem knallroten Sessel zu flott. Unten auf der Erde angekommen, sehen sie zu, dass sie so schnell wie möglich in ihr Kinderzimmer kommen. Sie machen es sich sehr bequem und erzählen wochenlang von ihrer abenteuerlichen Reise.

(In einer Ecke des Raumes gemütlich zusammensetzen und über die Geschichte reden.)

Spielanregungen:
Die Geschichte zunächst erzählen und gemeinsam spielend begleiten.

Im zweiten Schritt bietet es sich an, einige Elemente heraus zu greifen (Thema: Indianer, Jahreskreis/Zyklen, Rhythmen, Tanz) und fantasievoll nachzugestalten. Beispiele:

- 👁 Die Jahreszeiten gemeinschaftlich auf vier große Bögen malen,
- 👁 ein Jahreszeiten-Mandala zeichnen und ausmalen,
- 👁 einfache Jahreszeiten-Masken aus Papptellern gestalten,
- 👁 Naturelemente: Blumen/Zweige/Erde/Steine/ … als Symbole dieser Zeiten suchen,
- 👁 Instrumente: Glöckchen/Flöten/Trommeln/Klangstäbe … den Jahreszeiten zuordnen und eine kleine „Aufführung der Jahreszeiten" gestalten.
- 👁 Nach Rhythmen in natürlichen Abläufen suchen und sie mit eigenen Versen wiedergeben.

(1) **Gebet** (Auszug): *„Wir danken dir, Großes Geheimnis, dass unsere Schwester, die Sonne fortfährt für die Wiederkehr der Jahreszeiten zu sorgen und über das Wohlergehen unseres Volkes zu wachen … Wir sagen Dank dem Mond und den Sternen, die uns Licht geben, wenn die Sonne nach Westen gegangen ist."*[22]

(2) **Sonnentanz**:[23] Im Kreis stehen, Hände fassen (*Sonne darstellen*). Zur Musik (mittelschnell bis langsam)

- a) rückwärts nach außen gehen (Schritt: rechts, links),
- b) am Platz bleiben (Schritt: rechts, links pendeln),
- c) vorgehen (rechts/links)
- d) seitwärts nach rechts gehen (rechts/links ran)

(Sonnenstrahlen darstellen).

Die Party der Tiere

Inhalt: Körpererfahrungen, Body-Percussion, Stimmimitation, einfache rhythmische Erfahrungen mit Worten, Reimen, Sätzen
Raum: Bewegungsraum

Vor Beginn der Geschichte sollte eine kleine Stoffmaus aus einem Versteck erscheinen und Kontakt mit den Kindern aufnehmen. Woher kommt sie? Was machen die Kinder hier? … Der Mäuserich erzählt, dass er seine Freunde suchen geht, in einem dunklen Haus.
Die Geräusche mit Fingern und Händen an Tisch, Stuhl o. Ä. imitieren:

Ein Mäuserich aus Lengerich,
der tapst durch dunkle Nacht,
taps – taps ohne Licht
huscht er durch finstre Nacht.

Er tippt – tippt – tippt ans Goldfischglas,
am Schrank kratzt er ganz leis,
tast – tast – hört ihr was?
Jetzt rutscht er wie auf Eis.

Der Mäuserich flitzt durch das Haus
und klopft an jede Türe,
klopf – klopf „Kommt heraus,
wo seid ihr nur, ihr Tiere?"

Er klatscht und patscht mit kleiner Hand
und trommelt: „Hei ihr Doofen,"
klatsch – bumm – „allerhand,
ich gehe lieber poofen ..."

In diesem großen Haus scheint der Mäuserich heute Nacht allein zu sein. Wo sind nur die anderen? Was ist mit seinen Freunden, dem Hund, der Katze, dem Hamster, dem Wellensittich, dem Fisch und der Küchenschabe?

 (Gespräch: Kennen die Kinder diese Tiere?)

Enttäuscht macht sich der Mäuserich zurück auf den Weg in sein Mäusenest. Dann lege ich mich eben auch ins Bett, denkt er. Vorsichtig klettert er über den Schrank und springt hinunter.

 *(Alle „klettern" mit ihren Fingern beim Nachbarn über die Schulter.)*

Was für eine Überraschung! Da stehen sie ja alle direkt vor seinem Mauseloch! Der Hamster, der Fisch, die Schabe, der Hund, die Katze und der Vogel.

 *(Die Tiere sind entweder als Stofftiere oder Zeichnungen sichtbar.)*

„Wo bleibst du?" rufen sie. „Heute wollen wir doch eine Mitternachtsparty feiern!" Das hatte er glatt vergessen. Aber nun kann es ja losgehen. Jeder wird etwas Spaßiges dazu beitragen.

Der Vogel plustert sein Gefieder auf. „Ich, ich, ich will anfangen. Ich singe ein Lied über einen traurigen Jungen," piepst er aufgeregt.

„Der Heinerle seufzelte, jammerte sehr, - ui-buh,
er schluchzelte, schniefelte, knurrt wie ein Bär, - ui-buh,
da kam ich geflogen und trällerte mild,
der Heinerle gluckste und lachte wie wild,
hi-hi, ha-ha, hu-hu!"

 (1. Den Text mit der Melodie nach „Es klappert die Mühle" lernen. 2. Zu den unterstrichenen Silben nach rechts/links schunkeln. 3. Wiegen und jede Silbe klatschen.)

Der Fisch klatscht mit seinen Flossen: „Schluss!" und erklärt **sein** *Spiel:*
„Solange ich wild mit den Flossen klatsche, müsst ihr durch den Raum laufen
und bellen, schaben, flöten, miauen, piepsen … Wenn ich aber aufhöre, ist alles
mucksmäuschen still. Dann klatsche ich ganz regelmäßig und ihr müsst dazu
durch den Raum tanzen. Danach kommt ein anderer mit dem wilden Klatschen
dran."

 (1. Alle suchen sich ein Tier aus, das sie darstellen wollen. 2. Die Spielleitung macht es einmal vor. 3. Ein „Fisch"- Kind leitet zuerst und gibt danach die Leitung an eine weitere Person ab.)

Nun ist der Mäuserich dran. Er bringt allen Tieren die Mausesprache bei. So wie
sie in seiner Heimat, in Lengerich gesprochen wird. „Wie heißt du?", fragt er
den Hamster. „Michael," antwortet der.
„In Lengericher Mausesprache heißt du: Mi-hi-cha-ha-el-hel."

 (Jede Silbe wird mit H noch einmal gesprochen.)

„Oh, ich heiße dann wohl Gott-hott-fried-hied Gold-hold-fisch-hisch," freut
sich der Fisch.

 1. Alle probieren ihren Namen aus. 2. Dann klatschen sie während des Sprechens nur die jeweils erste und 3. nur die jeweils angehängte Silbe dazu.

Der Hund erzählt vom Nachbarhaus. Dort wohnt seine Freundin Elenor Labra
dor. In diesem Haus gibt es nicht nur eine Maus. Nein, – gleich ein ganzes Mau
sevolk haust dort. Wie es dort zugeht, erzählt der Hund in Form eines Gedich
tes:

„In diesem Häuschen sind schrecklich viele Mäuschen,
sie trippeln und trappeln, sie zippeln und zappeln,
sie stehlen und naschen, und will man sie haschen, –
husch … sind sie weg!

Als ich einmal kam, war'n sie ein Indianerstamm,
sie sangen und ritten, sie schlichen und glitten

Geheul und Geschrei, schlich ich dann herbei, –
schwups ... war'n sie weg!

Des Nachts im Haus spielen sie Fledermaus,
sie flattern und klappern, sie rattern und plappern,
sie segeln und fliegen, und wolln sie dich kriegen, –
dann nichts wie weg!" [24]

 Die beschriebenen Bewegungsszenen mit Fingern, Händen und/oder mit Bewegung im Raum nachstellen. Bei „husch"... die Hände verstecken bzw. ein Versteck suchen.

Die Katze schlägt ein Spiellied vor. „Hab ich gedichtet, aber die Melodie ist abgeguckt," sagt sie bescheiden.

„Ein Lämmchen wühlt im tiefen Schlamm,
*kille-kille-kitt- *mäh-*mäh,*
genauso wie 's ein Wildschwein kann,
*kille-kille-kitt - *mäh-*mäh.*
Da kommt ein Kater angeflitzt,
und springt hinein, sodass es spritzt!
*Matsch und patsch und klatsch - *mi- *au!*
*kille-kille-kitt mäh-mäh - *mi- *au!*
Bin verdreckt, schimpft eine Sau.
*kille-kille-kitt - *o -*je!*
    Da kommt die Katrin angeflitzt
   und springt hinein, sodass es spritzt!
Jemineh -oh Schreck - oh weh,
ein feuchter Dreck tut keinem weh,
Jemineh - oh Schreck - oh weh
*kille-kille-kitt - *patsch-*patsch."* [25]

 Ab dem Gesangsteil „Da kommt die Katrin" wird die Melodie bis zum Schluss noch einmal so wie bei „Da kommt ein Kater" wiederholt.
*1. Alle hocken sich dazu paarweise gegenüber, lernen den Text und singen ihn zunächst langsam. 2. Die unterstrichenen Silben mit den Händen gleichzeitig auf beide Oberschenkel klatschen, bei *Sternchen in die Hände klatschen, bei „kille ..." das Gegenüber kitzeln.*

Der Hamster kennt nur ein einziges Spiel, das heißt:
Immer rund - immer rund! So fängt es an:

Ein Hamster läuft im Rad immer rund, immer rund.
(Die Hände gleichmäßig und wie ein Schaufelrad umeinander drehen.)

Und so geht es weiter:

Ein Zug fährt vorüber. (Auf Oberschenkeln mit flacher Hand reiben.)

Aber ein Hamster läuft im Rad immer rund, immer rund.

Ein kleines Pony geht über die Straße. (Rhythmisch mit den Zähnen klappern.)

Aber ein Hamster ...

Ein Pups wandert durch die Stadt. (Lippen auf den Unterarm pressen und pusten.)

Aber ...

Ein Indianerruf fliegt durch die Luft. (Mit der Stimme imitieren.)

Aber ...

Die Uhren ticken plötzlich wieder.

 (Mit den Fingernägeln der rechten und linken Hand abwechselnd auf den Fußboden, Stuhl oder Tisch tippen.)

Aber ...

Ein Dieb schleicht vorüber. (Füße leise über den Boden schieben.)

Aber ...

Wassertropfen fallen von den Dächern. (Mit der Zunge schnalzen. Wie das wohl geht?)

Aber ...

Ein großer Ball hüpft von einem zum anderen. (Reihum klatschen.)

Oh, der Hamster fällt um. Ist ihm schlecht?

 (In sich zusammensacken. Alle sitzen im Kreis am Boden, Füße sind aufgestellt, Beine angewinkelt. Die Geräusche werden entweder gemeinsam oder nacheinander imitiert.)

„Das Spiel verdient einen riesig-tollen Beifall", ruft die winzige Schabe und kommandiert: „Bei eins geht's los!"

Eins – mit den Händen winken,

zwei – auf die Brust trommeln,

drei – auf den Po klopfen,

vier – mit den Füßen trampeln.

 (Eine(r) sagt die Zahlen an und ohne Pause wechselt jeweils die Beifallart. Von Zahl zu Zahl wird das Geräusch intensiver, schneller und lauter.)

Oh, es dämmert bereits. Schnell in die Betten, bevor es Tag wird!

Doch Mist, – der Mäuserich kann nach so viel Aufregung nicht einschlafen. Was tun? Er fragt die Katze um Rat.

„Weißt du was, kuschle dich doch einfach in mein weiches Fell," sagt sie.

 (Jeweils zwei Kinder tun sich zusammen, spielen Maus und Katze. Anschließend kann gewechselt werden. Die freundliche „Katze" streichelt, massiert, juckt und kratzt die Maus sehr sanft, – und zwar so:)

„Katzentatze kratze – kratze,

Krallenspitze pieke – pieke,

sanfter Ballen drücke, kralle,
Pfote, breite, gleite – gleite,
Katze schnurre, Mäuschen seufze,
– von dem schönen Feste träumt 'se..."

Schon ist der Mäuserich aus Lengerich tief und fest eingeschlafen und auch die
Katze schlummert ein.

Im Land der Trumme

Inhalt: Erste Erfahrungen und Spiele mit Rasseln und Trommeln
Raum/Material: Turnraum, Decke, Felltrommeln, Rasseln

Weit, weit entfernt von hier gibt es ein Land, das sich „Land der Trumme"
(s. „Der Weg der Trommel") nennt. Es liegt versteckt zwischen hohen Bergen.
Man findet es nicht leicht. Aber wir wollen trotzdem einmal eine Reise dorthin
versuchen. Vielleicht können wir die wunderlichen Wesen mit eigenen Augen
und Ohren erleben, von denen überall berichtet wird.
Es ist soweit. Wir steigen in einen Heißluftballon und fliegen damit über viele
Länder hinweg.

 (Im engen Kreis zusammen kommen, Arme verschränkt hinter dem Rücken der Nachbarn
und eine Ballonfahrt und eine Landung imitieren.)

Dort geht es hinunter ins Tal. Lasst uns den Berghang hinunter rennen.
Im Tal hocken wir uns erst einmal im Kreis zusammen und ruhen uns etwas aus.
Und? Wie geht es euch?

Schnief-schnauf-schneise,	*rechts-links auf die Hüfte schlagen*
lange Reise,	*rechts-links auf die Oberschenkel schlagen*
schnief-schnauf-schnott,	*rechts-links auf die Brust schlagen*
pott-pott.	*rechts-links auf aufgeblasene Wangen schlagen,*
	sodass ein Ton entsteht
Alles topp? Klar!	*rechte und linke Hand eines Kindes schütteln*

Auf geht's ins erste Dorf von Trummeland. Dort leben die Quasselrasseln (diver-
se Rasseln). Doch seht, sie halten gerade einen Mittagsschlaf unter einer großen
Decke. Wir wecken sie auf:

„Hei ihr Träumer, hei ihr Schnarcher, hei ihr Schläfer, hei!"
 (Bei „hei" in die Hände klatschen, alle weiteren Silben rechts/links auf den Oberschenkeln
schlagen.)

*Alle Quasselrasseln schrecken hoch und **sofort** quatschen sie los.*

 (Jedes Kind nimmt eine Rassel und rasselt wild drauflos.)

„Hei, wir verstehen nichts. Bitte der Reihe nach.
Könnt ihr Quasselstrippen auch nur ganz kurz reden?"

 (Jeder lässt der Reihe nach nur einen kurzen Ton hören.)

*Ob alle gleichzeitig **und** ganz leise reden können?*

 (Alle versuchen gemeinsam einen gleichmäßigen Puls zu spielen.)

Doch plötzlich wollen sie unbedingt ein Schläfchen machen. Schon wieder? Na gut! Wir wandern eben in das nächste Dorf.

Langsam, langsam wandern wir,
wie ein fettes Speckbauchtier.
wir könnten ja hinfal - len,
auf unsre zarten Kral - len.

 (Umhergehen, Spruch aufsagen, klatschen, bei Krallen die Hände herzeigen.)

Da ist es schon! In diesem Dorf leben die „schüchternen Trumme" (Trommeln).
Man sagt, sie seien ein wenig zurückhaltend. Wir überlegen nicht lange, gehen zu ihrem Unterschlupf und bitten sie heraus zu kommen.

 (Die Trommeln hervorholen und auspacken. Jedes Kind nimmt sich eine von den Trommeln zur Hand und alle kommen wieder in einen Kreis.)

„Tag! Wie heißt ihr?" Da flüstern sie ganz leise ihre Namen.

 (Die Leitung nennt die Namen der Trommeln, falls die Kinder sie noch nicht kennen. Sind alle Trommeln von gleicher Art, haben sie Fantasienamen, z.B. Conga Karl, oder Paul Papptrommel oder Tobias Tamburin ...)

Habt ihr euch die Namen merken können? Ja? Nein? Dann machen wir mal ein Begrüßungsspiel

 (Namen wiederholen und ihre Silben gleichzeitig auf die Oberschenkel patschen. Für ältere Kinder: Die Trommeln liegen vor den Kindern am Boden: 2x links und 2x rechts auf die Oberschenkel klatschen, dann linke Hand nach vorn öffnen, rechte Hand ebenfalls.)

li   li   re   re   li   re

 (Alle spielen diesen gleichmäßigen Rhythmus durchgängig während des ganzen Spiels. Jemand beginnt, indem er beim Öffnen der linken Hand den Namen der eigenen Trommel nennt und beim Öffnen der rechten Hand den Namen einer anderen Trommel aus dem Kreis. Der „Besitzer" dieser Trommel spricht weiter.)

Diese schüchternen Trumme haben noch immer keinen Pieps von sich gegeben.
Wie wäre es mit auskitzeln?
Ha, das wirkt! Soso, diese stillen Gesellen reden also erst dann, wenn man sie
berührt. Wenn man sie streichelt, dann flüstern sie ganz leise, wenn man sie
mit den Fingern antippt, dann machen sie „trumm-trumm".
Hören wir uns mal an, was sie sagen.

 *(Wo kann man sie auf welche Weise anschlagen? Welche Geräusche und Töne sind zu
hören? Können sie laut/leise oder schnell/langsam reden? Die Trommeln untersuchen
und ausprobieren.)*

*Oh, plötzlich gibt es ein Durcheinander. Eine Trumme hat Geburtstag! Sie ist
schon 1250 Tage alt. Das muss gefeiert werden, mit Kakao und Kuchen.*

(Mithilfe der Trommeln vertonen:)
Hier sind die Tischdecken.
(mit den flachen Händen die „Tischdecken" über dem Fell glatt streichen)
Jedem wird eine Tasse auf den Tisch gestellt.
(mit den Fingern reihum kurz das Fell anschlagen)
Da wird ein dicker Kuchen auf den Tisch geknallt...
(mit beiden Händen kräftig auf das Fell schlagen)
Kakao wird in jede Tasse gegossen.
(mit den Fingern reihum kurze Trommelwirbel produzieren)
Die Trumme rufen: Auf die Plätze, fertig, los!
(Schlürfen und schmatzen, essen und trinken pantomimisch nachstellen)
Es platscht manchmal etwas Kakao auf den Tisch.
(gelegentlich mit der flachen Hand auf die Trommel schlagen)
Wenn man nicht achtgibt, fällt ein Krümel auf den Tisch.
(mit den Fingerspitzen der Zeigefinger auftippen).
Oder es fällt eine Nuss vom Nusskuchen.
(mit den Fingerknöcheln auf das Fell schlagen).
Oder es fällt einem gar alles aus der Hand.
(mit Fäusten schlagen)
Zum Schluss kann man nur noch die Krümel zusammenkratzen.
(mit den Fingernägeln emsig auf dem Fell kratzen)
Tja, das war es. Nix mehr da!
(leere Hände zeigen.)

Natürlich bedanken wir uns mit der Aufführung eines Gedichts:

Schluck und kau,	*kau – kau,*
kau und schluck,	*schluck – schluck,*
vom Kakao,	*kao – kao,*
gab's genug,	*nug – nug.*

Schmatz und leck,   leck – leck,
leck und schmatz,   schmatz – schmatz,
fürs Gebäck,   bäck – bäck,
ist kein Platz,   Platz – Platz.
I – i – i –ich – platz!

 (1. Das Gedicht kennen lernen und wiederholt sprechen. 2. Gemeinsam im Rhythmus des Gedichtes die Trommel schlagen. Bei „Ich platz!" laut rufen, über den Bauch streichen, Hände in die Luft werfen.)

Die Trumme bedanken sich für diese Vorführung. Damit die vielen dicken Bäuche wieder dünner werden, veranstalten sie ein „trummeliges" Geburtstagsspiel.

 (1. Alle sitzen mit ihren Trommeln im Kreis. Plötzlich springt einer auf und rennt los. Er flitzt einmal außen um den ganzen Kreis herum und hockt sich wieselflink wieder hin. Solange dieser läuft, spielen alle eine wilde Trommelei. Aber erst dann, wenn ein Kind aufspringt. Wenn es ankommt, hören alle sofort wieder auf.

2. Manchmal machen sich die aufspringenden Kinder einen Spaß daraus. Dann rennen sie nur kurz los und stoppen und rennen wieder, oder machen in Zeitlupe weiter, oder mit Hüpfern, oder am Boden schlängelnd, oder auf Zehenspitzen schleichend, – die Trommler begleiten sie dann entsprechend auf dem Instrument, bis der „Hüpfer" wieder an seinem Platz ist.)

Ups, es ist schon fast dunkel. Für den Rückflug ist es viel zu spät! Alle Gäste werden hier wohl übernachten müssen. Warum legen wir uns nicht zu den Trummen?! So können wir die ruhige Musik genießen, die in diesem Dorf jeden Abend zum Entspannen und Einschlafen gespielt wird.

 (Einen gemütlichen Platz im leicht abgedunkelten Raum suchen. Die Spielleitung schlägt mit einem weichen Schlegel eine sehr tief klingende Trommel (Basstrommel) und spielt einen langsamen, sich immer wieder nur leicht verändernden Rhythmus.

1. Die Kinder fühlen die Schwingungen, die auf das Fell ihrer eigenen Trommel übertragen werden: Mit den Fingerspitzen, mit der Nasenspitze, mit der Wange. Womit kann man sie noch spüren?

2. Dann legen sie sich auf den Rücken und lassen den ruhigen Rhythmus durch die geöffneten Hände, durch die lauschenden Ohren und den offenen Mund, über die Brust und den Bauch wie warme Luftströme in sich hineinfließen. Die Spielleitung gibt diese Hinweise ruhig und lässt Zeit, damit sich die Liegenden auf den benannten Körperbereich konzentrieren können.

3. Die Trommelmusik wird allmählich leiser und der Rhythmus reduziert sich auf nur wenige Schläge.[26])

Indianerkinder

Inhalt: sich erfahren im Trommelspiel
Material: Felltrommel für jeden

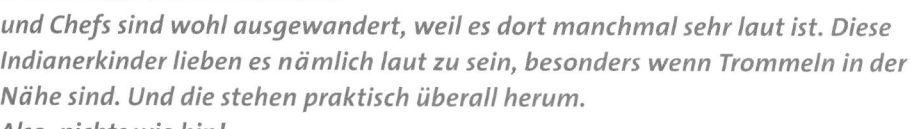

*Das Land der Indianerkinder ist
ein sagenumwobenes, geheimge-
haltenes Land, in dem nur Kinder
leben. Jungen und Mädchen,
ganz ohne Erwachsene und Chefs.
Im Grunde genommen han-
delt es sich um ein kleines
Dorf mit etwas Landschaft
drumherum. Die Erwachsenen
und Chefs sind wohl ausgewandert, weil es dort manchmal sehr laut ist. Diese
Indianerkinder lieben es nämlich laut zu sein, besonders wenn Trommeln in der
Nähe sind. Und die stehen praktisch überall herum.
Also, nichts wie hin!*

*Ins Indianerland kann man auf ganz verschiedene Weise reisen. Man muss sich
vorher nur mit Trommeln anfreunden und sie bitten, als Reisebegleitung mitzu-
kommen.*

 *(Trommeln aussuchen, 1. je durch leichte Klapse „aufwecken" und 2. „Freundschaft schlie-
ßen" durch sanftes Streicheln der ganzen Trommel.)*

Dann kann es losgehen. Jeder auf seine Weise.

 *(1. Jedes Kind stellt sich eine Fortbewegungsart vor und imitiert es auf der Trommel.
2. Falls jemand eine Pause machen möchte summt er/sie leise eine Melodie. Sofort machen alles eine Pause und summen auch etwas vor sich hin.
Beginnt wieder jemand auf der Trommel zu reisen, reisen gleich alle weiter, usw.)*

*Ankunft im Dorf: Die Kinder begrüßen uns erfreut, doch sie gehen gleich wieder
an ihre Arbeit. Die kann nicht warten. Sie backen nämlich gerade Brot.*

Es wird Mais gestampft	*mit Fäusten auf das Trommelfell schlagen*
Mehl zu Brei verrührt	*Fingerspitzen*
Brei flach geschlagen	*flache Hand*
Fladen in den Ofen geschoben	*streichende Hand auf der Trommel*

*Die Arbeit wird viel leichter und macht mehr Spaß, wenn man sie gemeinsam in
einem Rhythmus macht:*

Stampf-stampfstampf den Mais zu Mehl,   *mit Fäusten*
rühr-rührrühr das Mehl zu Brei,   *mit Fingerspitzen*
schlag-schlagschlag den Brei ganz flach,   *mit flachen Händen*
schieb-schiebschieb ihn in die Glut.   *mit streichenden Händen*

 (1. Jede Zeile mehrmals sprechen, dann 2. Zeile um Zeile den Spruch wiederholen und die jeweilige Handtechnik im Rhythmus des Liedes auf der Trommel verwenden.)

Kaum ist das Brot im Ofen, da laden uns die Indianerkinder zum Spielen ein. Sie spielen am liebsten mit den Trommeln, welche die Erwachsenen zurückgelassen haben. Sie spielen keine Jagdtrommeln und trommeln auch nicht um auf den Kriegspfad zu gehen. Manchmal führen sie allerdings den Regentanz auf und trommeln dazu. Meistens spielen sie aber nur so aus Spaß miteinander und haben dazu einfache Regeln erfunden.

 (Für die Leitung: Vor den Spielen sollten Regeln abgesprochen werden: Alle sollen bei ihrer Trommel bleiben. Niemandem darf psychisch und physisch weh getan werden. Die Trommeln dürfen nicht beschädigt werden.
Nach jedem Spiel ist es sinnvoll nachzufragen: „Na, wie war's?". Jedes Spiel wird von der Leitung beendet, falls es umzukippen droht, oder kein Ende findet.)

Das erste Spiel ist gar keins. Es geht darum, wer zuerst anfangen darf. Jeder natürlich will es sein:

 (Zwei sitzen sich mit ihren Trommeln gegenüber, schlagen abwechselnd auf die Trommel und rufen gleichzeitig mit ihrem Trommelschlag: „Ich!" Die Leitung beendet das Spiel.)

*Wir haben ja schon **alle** angefangen! Dann mal weiter mit dem Spiel „Wer kann am lautesten brüllen":*

 (Wieder sitzen zwei mit ihren Trommeln gegenüber. Jetzt hat einer von beiden eine Trommel zum Hineinschreien umgedreht. Er ruft hinein. Der andere wiederholt das trommelnd, was er gehört hat.)

Die Indianerkinder kennen wirklich viele Spiele mit Trommeln. Schon schlagen sie das nächste vor. Das Spiel heißt „Aufgepasst!".

 (Zwei, die wieder gegenüber sitzen, spielen auf ihrer Trommel und versuchen immer wieder einzelne Schläge auf der Trommel des anderen zu platzieren. Aufpassen, das man keinen Schlag abbekommt!)

Das hat Spaß gemacht. Aber wisst ihr wann man so richtig ins schwitzen kommt? Beim Tobe-Spiel!

 (Alle zusammen toben sich trommelnd aus, bis jemand „Ruhe" brüllt und alle sofort ganz leise und langsam spielen. Beim Ruf „Toben" geht es wieder rund und so weiter. Die Spielleitung macht darauf aufmerksam, dass alle wild trommeln dürfen, aber genau auf ihre Hände achten müssen. Immer von oben auf das Trommelfell schlagen, nicht von der Seite.)

„Hei, wisst ihr was," sagt da ein Indianerkind ganz aufgeregt, „neulich kam ein erwachsener Indianer in unser Dorf und wollte bestimmen, dass wir nicht mehr trommeln dürften. Das würde man kilometerweit hören. Ich habe gesagt, man würde ihren ganzen Krach megakiloweit hören. Mensch, war ich sauer. So ungefähr:

 (Wer möchte ruft: „Mensch, bin ich sauer!" und trommelt dazu.)

*Sauer-sein, das ist ein Gefühl. Ein Gefühl, als wolle man explodieren, weil ...
Und es gibt natürlich noch mehr Gefühle. Wer kennt eins?*

 (Wie würde sich das auf der Trommel anhören, wenn man freudig-rhythmisch, wütend-laut, traurig-leise, ängstlich-fahrig, aufgeregt-schnell ... spielt)

Oh, verflixt. Der Tag im kleinen Land der Indianerkinder ist schon zuende. Doch bevor wir zurück reisen, bitten uns unsere Spielkameraden, dass wir noch diejenigen Kinder besuchen, die krank sind und deshalb zu Hause in ihren Zelten bleiben mussten.

 *(Die beginnende Person bekommt einen Indianerschmuck und spielt einen einfachen Rhythmus, eine kurze sich wiederholende Schlagfolge. Eine zweite Person „besucht" sie, indem sie den Rhythmus der ersten nachspielt, eine dritte kommt so ebenfalls dazu. Will eine vierte Person einsteigen, bittet sie um den Schmuck und dann hören die drei anderen auf, die vierte spielt einen neuen Rhythmus. Das Spiel beginnt also von vorn ...
Als Variante ist freies Trommeln ebenso möglich, falls das Nachspielen eines vorgegebenen Rhythmus zu schwierig ist.)*

Nun ist es aber Zeit das Indianerdorf zu verlassen.

Dazu schleichen wir uns wie echte Indianer durch das Gras und das Gebüsch. Niemand soll sehen woher wir kommen und das Indianerdorf entdecken. Nach einer langen Wegstrecke können wir uns endlich aufrichten und nach Hause rennen. Dort legen wir uns müde hin und ruhen uns von diesem spannenden Tag aus.[27]

2. Spielgeschichten zum Abfahren

Nachts im alten Schloss

Inhalt: rhythmisches Sprechen, einfache Trommelrhythmen, Geräusche, Klänge
Raum: Bewegungsraum
Material: Rasseln, Gong, Handtrommel, Congas, o. Ä., Triangel, Decken, Lampe

Es ist finstere Nacht im Land des Königs und der Königin. Alle Untertanen schlafen friedlich. Doch das Königspaar liegt wach. Warum nur? Werden die nicht müde? Doch, doch, sie treiben ja Sport ... und sind oft an der frischen Luft. Doch nachts, da wälzen sie sich hin und her, sie zählen Schafe, denken sich Geschichten aus ... oder trinken literweise Wein, bis sie nicht mehr geradeaus denken können ... Trotzdem können sie nicht einschlafen!
So geht das nicht weiter. Durch ihre Boten verbreiten sie Kunde über ihre Not im ganzen Land. Die Reiter schwärmen aus und trommeln die Leute zusammen. Ein Trompetenstoß und sie rufen:

„Hört ihr Leute, hört uns an! Reichlich Gold für Frau und Mann,
schenkt das holde Königspaar, könnt es schlafen wunderbar.

 (Auf den Oberschenkeln schlagend imitieren. Die unterstrichenen Silben betonen.)

Es kommen viele außergewöhnliche Menschen: Wunderheiler, Kräuterhexen, Zahnbrecher und Bauern mit Werkzeugen, Zaubermitteln und Einschlafliedchen. Ja, – und wer hilft dem Königspaar beim Einschlafen?
 (In der Gruppe wird mittels Abzählvers ein Königspaar gewählt, das liegt auf einer Decke. Die anderen suchen sich Instrumente aus und versuchen damit das Königspaar einzuschläfern. Wie muss man spielen, damit sie müde werden?)

Ein paarmal ist das Paar fast eingeschlafen, doch immer wieder schrecken sie ängstlich aus dem Schlaf hoch.
Die Heiler ziehen erfolglos von dannen, doch eine kleine, kugelige Bauersfrau bleibt heimlich zurück und versteckt sich im Schloss. Bald wird es wieder finstere Nacht in diesem alten Gemäuer. Die Uhr schlägt eben „zwölf", da hört die

Frau seltsame Geräusche (Rasseln, etc.) und kurz darauf ein leises Singen … Sie schleicht von Raum zu Raum durch die verwinkelten Flure. Immer deutlicher vernimmt sie einen schaurigen Gesang aus heiseren Kehlen:

Wir spuken durch die ganze Nacht, ha – ho, ganze Nacht.
Es heult der Wind, ein Geist der lacht, ha – ho, Geist der lacht.
Die Königsleut sind aufgewacht, ha – ho, aufgewacht,
sie werden um den Schlaf gebracht, ha – ho, Schlaf gebracht.
Hu hi hi hi hi hi hi hie, ha – ho, hi hi hie!

 (1. Text vorsprechen, ab „ha-ho" sprechen alle mit. 2. Am Schluss jeder Zeile die unterstrichenen Silben mit Rasseln begleiten.)

Ach du Gewitterblitz, da geistern waschechte Gespenster, durchfährt es die Bauersfrau, – hab's mir doch gedacht. Doch wo stecken die nur?
Im riesigen Festsaal des Schlosses! Dort veranstalten sie wohl jede Nacht einen Gespenstertanz. Die Bauersfrau versteckt sich hinter einem Vorhang und beobachtet das gruselige Treiben.
Die Gespenster stehen dort verteilt am Rand des Saales und warten auf ihren Auftritt. Ertönt ein Gong, so spukt eines von ihnen durch den Raum.
Jedes hat sich dafür ein Geräusch-, Klang-, Schlaginstrument ausgesucht, welches es dann beim Spuken, Schweben, Tanzen spielt.

 (Die Spielleitung bedient den Gong.)

Dann plötzlich gleiten alle gemeinsam in die Mitte des Raumes.
(Instrumente dort ablegen)
Ein Geist ergreift eine Trommel und spielt einen langsamen Rhythmus darauf:

Bugah – logah – bugah – logah …

 (1. Alle üben diesen Rhythmus zunächst am Fußboden. 2. Z.B. mit Fingern auf einer Bongo spielen, „lo" eventuell auf der tiefen Trommel oder als tief klingender Schlag mit der ganzen Hand.)

Die Gespenster gleiten zu diesem Trommelschlag durch den Saal und machen gespenstische Verrenkungen.
Wieder ertönt der dröhnende Gong (Spielleitung)*, wieder spielt die Trommel* (ein anderes Gruppenmitglied spielt)*. Diesmal schreiten diese Gestalten zu zweit durch den Raum, tun so, als wären sie ein Königspaar. Sie verneigen sich brav und grüßen artig …*

(Der Tanz mit gespenstischen Bewegungen und der Paartanz mit höfischem Benehmen wechseln sich durch den Gongschlag eine Weile einander ab. Reihum darf an der Trommel gespielt werden.)

Nun schlagen die Geister rhythmisch in ihre Gewänder (– auf die Hüften) und flüstern eine Art Beschwörungsformel:

Mitternacht, es spukt und kracht,
Schrei, Gewirr und Kettenklirr.
Fies und dreist, so ist ein Geist.

 (1. Text flüstern. 2. Rhythmisch am Körper schlagend begleiten.)

Die kleine, dicke Bauersfrau hat genug gesehen. Schaurige Musik, gruselige Geräusche und eigenartige Trommelrhythmen klingen des nachts durch dieses Schloss. Kein Wunder, das der König und seine Frau nicht schlafen können.
Sie nimmt ihren ganzen Mut zusammen. **„Heissa! Euch werde ich schon das Fürchten lehren“**, brüllt sie in den Saal. Sie springt aus ihrem Versteck hervor, trampelt mit den Füßen, klatscht in die Hände und schreit: **„HA … HO!“**
Doch die Gespenster? Die klappern nur mit ihren Gebissen, rascheln mit ihren Gewändern und lachen und lachen … *(imitieren)*.
In diesem Augenblick fällt es der Bauersfrau siedendheiß ein.Gespenster vertreibt man mit Schmeicheleien: **„Guten Abend, ihr lieben Geschöpfe, seid ihr aber hübsch anzusehen …“** und so weiter.
Sie probiert es … und die Gespenster erstarren, ihre verschwommenen Gesichter verzerren sich … *(imitieren)*.
Jetzt strömen auch noch der König, die Königin und der ganze Hofstaat in den Saal und überschütten die Gespenster mit Freundlichkeiten …
Das ist endgültig zuviel. Völlig verstört heulen und jammern sie los *(imitieren)* und suchen das Weite, – den schnellsten Weg nach draußen.
Alle Menschen fallen sich in die Arme und bedanken sich sehr bei der kleinen Bauersfrau.
Doch was ist das? Ein besonders klappriges und schaurig leuchtendes Gespenst steht noch mitten im Saal und guckt so böse wie ein Wolf …
Oh weh …
Aber da kommt ein kleines Kind herein, hebt eine Triangel in die Luft, macht einmal **„Pling“**, das Gespenst jault und löst sich auf in Null-komma-nix!

Endlich ist alles vorbei. Schon am nächsten Tag wird im Schloss mit Pauken und Trompeten ein rauschendes Fest gefeiert.

(Ein Fest nachgestalten mit Flöten und Trommeln, mit einfachen Kostümen (Umhänge etc.), mit Musik vom Band (Mittelaltermusik, s. Anhang), um dazu zu tanzen.)

Alle sind dabei gewesen, nur der König und die Königin nicht. Die haben geschlafen. Sieben Wochen am Stück.

Im Wald der Gnome

Inhalt: Rhythmus, Trommeln und
Bewegung
Raum: Bewegungsraum
Material: Rasseln, Klanghölzer, Sei-
dentücher, Felltrommeln,
Puppe, Musikanlage,
Meditationsmusik

*Wisst ihr, was Gnome sind? Wie sie aussehen und wo sie wohnen?
In magischen Zauberwäldern. Dort, wo die Bäume dicht an dicht stehen, dort schleichen sie durch das Gebüsch, springen über Bäche und Schluchten, klettern in die Eichen und Tannen, schwingen in den Baumkronen und spielen auf verborgenen Lichtungen...
Eines Tages macht sich eine kleine Gruppe neugieriger Kinder auf den Weg in einen solchen magischen Wald. Am Waldrand treffen sie eine alte Frau, die ihnen einen wichtigen magischen Spruch beibringt:*

Eins, zwei, drei,	*3x klatschen*
Spiegelei, Kartoffelbrei,	*als Spiegelei flach auf den Boden legen,*
	als Brei zusammenziehen
viere, fünfe, sechse,	*6x klatschen*
Riesen, Zwerg und Hexe,	*als Riese hoch strecken, Zwerg in die*
	Hocke, Hexengrimasse
siebn, acht, neun,	*3x klatschen*
ach, ich glaub ich träum,	*über das Gesicht streichen*
zehne, elfe, zwölfe - halt,	*6x klatschen*
ich glaub ich steh im Wald!	*fest verwurzelt stehen*

(1. Im engen Kreis den Spruch lernen, Bewegungen erklären.
2. Gemeinsam langsam aufsagen und Bewegungen ausführen.)

Die alte Frau hat geraten, ein paar Dinge vom Waldboden aufzusammeln. Das machen sie *(Rasseln, u.Ä.).*
Es ist plötzlich ganz still. Nur ganz leise hört man das Rauschen der Bäume, das Rascheln des Laubes am Boden und das Streichen des Windes durch die Blätter der Büsche.
 (Durch den Raum gehen und lauschen. Hin und wieder rasselt ein Kind mit seinem Instrument.)

Es wird immer dunkler in diesem Wald, je weiter sie hineingehen. Die Bäume drängen sich dicht aneinander. Es ist fast nichts mehr zu sehen. Deshalb machen die Kinder ihre Ohren weit auf ...
 (Den Raum abdunkeln oder mit geschlossenen Augen hindurchgehen. Die Hälfte der Gruppe verteilt sich mit den Rasseln im Raum und sitzt am Boden. Auf ein Zeichen spielt sie die Instrumente und die anderen gehen vorsichtig durch den Raum.)

Immer weiter wagt sich die kleine Gruppe hinein in den Wald. Sie hören, wie die trockenen Zweige unter ihren Füssen knacken.
 (Äste aufsammeln: zwei Schlagzeugschlägel für jeden)

So knacken die Äste am Boden: *(umhergehen und den Boden bespielen.)*
So knacken die Äste an den Bäumen: *(die kahlen Wandflächen bespielen)*
So knacken die Äste im Gebüsch: *(Stühle bespielen.)*
Bei jedem Schritt zerbricht ein dürrer Zweig.
 (Gleichmäßig gehen und pro Schritt einen Schlägel auf den Boden schlagen. Leise gehen, schnell gehen, große Schritte machen ...)

Plötzlich klopft ein Specht, – und da noch einer ...
 (Jeder sucht sich einen Platz im Raum, schlägt mit dem Schlägel und lauscht immer wieder auch auf die anderen.)

Oder ist das eine geheime Botschaft?
 („Botschaften" verschicken.)

Hastig legen die Kinder die Zweige zur Seite, sie müssen weiter. Mühsam klettern sie einen steilen Hügel hinauf... Und da sind sie! Eine Menge hutzeliger Gnome! Die tanzen dort drüben unter hohen Bäumen!
Kaum haben sie die Kinder entdeckt, da stürzen sie herbei und begrüßen sie auf ihre besondere Art. Sie hocken sich im Kreis um die Kinder herum und rufen:

Achtung Pumpernickel! 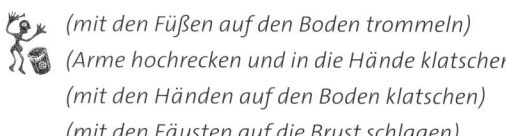 *(mit den Füßen auf den Boden trommeln)*
Achtung hoch! *(Arme hochrecken und in die Hände klatschen)*
Achtung flach! *(mit den Händen auf den Boden klatschen)*
Achtung Faust! *(mit den Fäusten auf die Brust schlagen)*

 (Die Leitung ruft zunächst das Kommando. Alle reagieren entsprechend, solange bis ein neues Kommando kommt, doch alle reagieren nur, wenn zuvor „Achtung" gerufen wurde.)

Anschließend laden sie alle *(in die Hände klatschend)* **zu einem Fest ein, das an diesem Abend stattfinden soll:**

Zum Gnomenfest – um halb neun,
laden wir – alle ein,
Katz' und Maus, bleib'n zu Haus.

In einer kleinen Hütte stehen viele Trommeln. Die Kinder dürfen sie ausprobieren. „Spielt so wie ich!", ruft ein Gnom und alle Kinder probieren es.
 (Die Spielleitung ruft zuerst „Spielt so wie ich!" und spielt ein einfaches rhythmisches Motiv. Alle antworten auf ihrer Trommel entsprechend. Dabei berücksichtigt sie die Elemente leise – laut, schnell – langsam. Dann kann jeder etwas für die anderen erfinden.)

Plötzlich schreit ein kleines Gnomkind. Was hat es nur? Ist es krank? Nein, halb so schlimm, es will unbedingt „Suchen" spielen. Nun gut. Wer sucht zuerst?

 (Eine Person wird durch einen Abzählvers ermittelt, der auch durch Händeklatschen (Silben) begleitet wird)

Ete mete men – tripp trapp ten,
hauer dauer dann – und du bist dran!

 (Es wird eine Puppe oder ein Gegenstand an einer Stelle im Raum versteckt, während die ausgewählte Person draußen ist. Sie wird wieder hereingebeten und soll durch das Trommelspiel der Anderen die Puppe finden:
Leises, langsames Spiel – weit entfernt,
lautes, schnelleres Spiel – Annäherung,
ganz lautes, wirbelndes Spiel – ganz nah.)

Geht das Fest bald los? „Nee, nee," sagt der Chef der Gnome, „wir müssen erst noch die Elfen und die Wichte dazu einladen." O.k.!
Ach du grüne Neune, – die Elfen schlafen tief und fest. Die müssen noch geweckt werden.
 *(Auf dem Fell der Trommeln spielen:)*

Killi-killi		(die Elfen wach kitzeln = mit den Fingerspitzen trommeln)
Krauli-krauli		(den Elfen das Haar kraulen = mit Fingernägeln über das Fell)
Wischi-waschi		(das Gesicht waschen = die flache Hand streicht über das Fell)
Dalli-dalli		(Krach schlagen und Elfen zum Beeilen bewegen = mit Fäusten)

 (1. Die Bewegungen und das dazugehörende Kommando lernen und üben. Die Leitung spielt sie vor und alle machen die Bewegung nach.

2. Das Spiel beginnt, indem die Leitung die Kommandos ruft und die Kinder reagieren. Zunächst in der logischen Reihenfolge.

3. Abwechselnd übernehmen andere das Kommando.)

Die Elfen sind inzwischen quicklebendig und alle ziehen singend durch ein tiefes Tal:

„Eins, zwei, drei,
– oh, ein Ei, –
wer drauf tritt,
– der darf mit."

 (Alle Silben rhythmisch auf der Trommel spielen, die jeweils dritte mit einem kräftigen Schlag.)

Es geht hinüber zur Lichtung der Pappel-Zappel-Wichte. Warum sie Pappel-Zappel-Wichte heißen? Ganz einfach. Sie zappeln mit jedem Körperteil unheimlich gelenkig herum. Mit dem Kopf, den Händen, den Füßen und so weiter. Meistens dann, wenn ein Gnom Trommel spielt.

 (Alle stehen verteilt im Raum, reihum darf eine einzelne Trommel frei gespielt werden. Die anderen lassen sich zum Zappeln animieren. Wer trommeln möchte, stellt sich hinter dem Trommler an und tauscht mit ihm.)

„Wollt ihr Pappel-Zappel-Wichte nicht zum Fest kommen?"
„Nö." Sie schütteln traurig den Kopf. „Wir wollen nicht feiern." Gestern haben sie von einem Raben gehört, dass Holzfäller die Riesenbäume fällen und das kostbare Holz teuer verkaufen wollen.
Ist das wahr? Die ganze Gesellschaft rennt wie der Blitz durch den Wald zum Platz dieser uralten Bäume.

Doch die Riesenbäume sind gar nicht ängstlich. „Habt keine Sorge", rauschen sie leise, „- ihr wisst doch, dies ist ein magischer Wald. Uns wird es immer geben. Das ist so sicher und steht so fest wie wir Bäume hier in der Erde verwurzelt sind." Sie singen:

Wir wurzeln und stehen, niemals wer'n wir gehen,
wir wurzeln und krallen, niemals wer'n wir fallen.

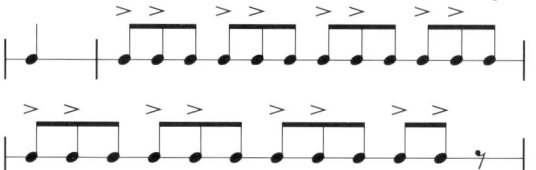

 (Alle „Bäume" stehen im Kreis und 1.klatschen, 2. stampfen die unterstrichenen Silben.)

„Wir trommeln dazu," rufen die Gnome und schleppen ihre Trommeln herbei.

 (Die Hälfte der Gruppe trommelt entsprechend zum Stampfen der anderen.)

Nachdem die Bäume dies gesagt haben, fällt es allen leicht auch die Pappel-
Zappel-Wichte zum Feiern zu überreden. „Zum Gnomenfest – um halb neun..."

Endlich kann das Fest auf dem Hügel der Gnome beginnen. Es werden viele, vie-
le Lieder gesungen und auf den Trommeln begleitet.
Doch bald schon geht die Sonne unter. Zum Abschluss möchten die Elfen mit
allen großen und kleinen Gästen einen ***„Abendtanz"*** *tanzen.*

 (Dies ist ein Tanz ganz ohne Instrumente und Rhythmus. Die Leitung spielt dazu eine
Meditationsmusik über eine Musikanlage ab. Jedes Kind erhält ein Seidentuch und die
Aufgaben mit diesem Tuch wie eine federleichte Elfe durch den Raum zu tanzen. Dabei
soll es das Tuch sanft durch die Luft bewegen. Durch das Schweben des Tuches lässt man
sich zu neuen eigenen fließenden Bewegungen inspirieren.)

Kaum ist der Tanz zu Ende, werden die Kinder von einer bleiernen Müdigkeit
übermannt. Bald darauf schlafen sie auf dem weichen Moos des Waldbodens ein.
In der Frühe weckt ein leiser Trommelschlag die schlummernden Gäste behut-
sam wieder auf.

 (Die Leitung geht von Kind zu Kind, spielt mit der Trommel in der Nähe einzelner Kör-
perteile, die dieses Kind dann dem Klang entgegenreckt. So werden alle nach und nach
wieder geweckt.)

Dann wird es Zeit den langen Weg nach Haus zu gehen!

Das Fest in der Ritterburg

Inhalt: Trommeln und Bewegung
Raum: Bewegungsraum
Material: eine Trommel für jedes Kind (Conga, Djembé, Selbstbau), Schirm,
Tücher, Stühle, Samt-/Golddecke

In der Ritterburg auf dem Teufelsberg ist alles totenstill. Doch wenn man sich hineinschleicht, dann hört man ein merkwürdiges Geräusch. Schnarchen!
Die gesamte Ritterschar, Diener und Dienerinnen, Ritter und Ritterinnen scheint in den Betten zu liegen und zu schlafen.
Sie sind nämlich sehr müde und faul nach einem sehr, sehr fetten Mittagessen. Doch einer schläft nicht. Wer? Der Koch! (Oder die Köchin?) *Ein lieber Mensch. Vorsichtig will er die Rittersleute wach trommeln. Denn heute Abend kommt die Königin mit ihrem Mann zu Besuch. Da gibt es noch viel zu tun.*

 (Spiel: Alle Kinder liegen entspannt am Boden und schlafen. Die Spielleitung beginnt langsam einzelne Töne auf der Conga zu spielen. Pro Ton bewegen die Liegenden je einen Körperteil (Finger, Fuß, ...). Die Trommelschläge folgen immer schneller aufeinander, bis sich alle am Boden hin und her bewegen und sie sich vielleicht sogar aufrichten und stehend weiter machen.)

Doch wenn der Koch nun glaubt, die Leute seien wiggel-waggel-wach, so hat er sich geirrt. Kaum stoppt er das Trommeln, da sacken alle in sich zusammen und drohen auf der Stelle wieder einzuschlafen.
Das wird ihm zu bunt. Jetzt wird er „Krach schlagen". Wütend trommelt er so laut er kann. So schreckt er alle Burgleute hoch, mitten aus ihren süßen Träumen, – und völlig verwirrt laufen sie durch ihre Schlafzimmer.
Endlich haben sie es kapiert. Sie krempeln die Arme hoch und machen alles bereit für die Ankunft des Königspaares. Die haben sich nämlich ein rauschendes Fest gewünscht, – im großen Rittersaal. Selbstverständlich muss dazu auch getrommelt werden. Nun, – die Trommeln sollten vorher unbedingt ausprobiert werden.

Ob sie auch Lust auf Tanzen machen?

 (Spiel: Die Trommeln werden in einer Ecke zusammengestellt, eine(r) stellt sich daran und spielt darauf, die übrigen bewegen sich dazu.)

Dem Koch fällt ein Lied ein. Das möchte er gern auf den Trommeln ausprobieren:

Sauerkraut und Dill, Dill, Dill,
kocht mein Mutter vill, vill, vill.
Wer das Sauerkraut nicht will,
kriegt auch keinen Dill, Dill, Dill.

 (Den Spruch lernen. Was ist Sauerkraut und was ist Dill? Alle sagen dann den Spruch immer wieder auf und reihum trommelt jeweils ein Kind auf den Trommeln das „Dill, Dill, Dill" und „vill, vill, vill", – je ein Schlag pro Wort.)

Doch der Koch sollte besser in die Küche verschwinden. Die königlichen Herrschaften kommen schon bald. Da trifft auch schon ein Bote ein und kündigt sie an.

 (Zwei Kinder auswählen und mit großspurigen, endlosen Titeln und Namen ankündigen. Anschließend spielen alle einen Trommelwirbel, solange, bis das Paar endlich von draußen durch die Tür herein kommt.)

Zuerst kommt der spleenige König, begleitet von einem Schirmträger. Er schreitet stolz, hüpft wie ein Känguru, trippelt wie eine Ballett-Tänzerin durch den Saal, bis er sich endlich auf seinen Thron setzt. Dann kommt die Königin. Die ist genauso verrückt im Kopf!

 (Alle begleiten die Fortbewegungsarten der Beiden entsprechend auf ihren Trommeln.)

Das Paar ist tatsächlich begeistert von diesem Empfang. Sie würden gern wissen, wer der Meistertrommler oder die Meistertrommlerin unter den Gastgebern ist.

 (Jeder spielt reihum etwas vor und dann entscheidet das Paar, wer es sein soll. Diese(r) wird neue(r) König/in.)

„Das Fest soll beginnen. Her mit den Leckereien," ruft der König.
Der Koch höchstpersönlich bringt strahlend das Festessen herein. Doch das Gesicht des Königs verdüstert sich. Er schreit:

Kloß und Ei? Bier und Speck?
Eins – zwei – drei, bringt das weg!
Eins – zwei – drei – vier – fünf – sechs – sieben,
nie - mals ess ich Brei mit Rüben!!

Er kann einfach nicht aufhören mit der Brüllerei. Na gut, dann machen eben alle Rittersleute mit.

 (Den Spruch lernen und von ganz leise bis ganz laut brüllend rufen. Anschließend sprechen und alle Silben auf den Trommeln schlagen.)

Der Koch aber hat sich davon gemacht und kommt plötzlich mit einem Riesenberg aus Schokoeis zurück. Der König strahlt, die Königin auch und sie essen alles ratzekahl auf. Keiner kriegt was ab. Aber oh weh, – jetzt können sie sich kaum mehr rühren.

 (Alle ahmen es nach und versuchen sich vorzustellen, wie es sich anfühlt so vollgefuttert zu sein.)

Nur langsam geht es den königlichen Herrschaften besser. Nun möchte die Königin gerne etwas Musik hören. Und zwar sollen alle genau das spielen, was sie mit ihren Füßen am Boden trampelt, oder tippt, oder – was weiß ich.

 (Spiel: Auf den Trommeln versuchen, die Fußschläge der Königin wiederzugeben. Sie sitzt dabei auf dem Stuhl und macht Einzelschläge, kurze Wirbel oder Rhythmen, tippt zart oder trampelt kräftig …)

Das hat selbst dem König Spaß gemacht. Er überlegt … Ah! Jetzt möchte er einen Tanz sehen und er will wissen, wer der Meistertänzer oder die Meistertänzerin ist.

 (Jeder sucht sich einen Partner. Einer tanzt und der andere trommelt. Das Paar spricht sich ab, wie das Trommeln und das Tanzen sein soll. Und: Soll die Trommel den Tanz oder der Tanz die Trommel bestimmen? Nacheinander wird dann vorgetanzt/-getrommelt. Der Meistertänzer wird König oder eben Königin.)

Der König hat rote Wangen vor Aufregung. So ein schöner Tanz! Er möchte unbedingt auf das Wohl der Burgfrauen und Burgmänner trinken. Her mit dem Wein! Er trinkt alle Weinkrüge auf einmal aus. Keiner kriegt was ab. Doch oh weh, – nun sieht er alles doppelt. Der Rittersaal verschwimmt vor seinen Augen und schon torkelt er los. Was tun die Rittersleute? Na, – sie machen einfach mit.

 (Alle torkeln durch den Raum. Einer spielt vereinzelt Töne auf der Trommel. Jedes Mal zucken die „Betrunkenen" zusammen oder ändern die Torkelrichtung.)

Der angetrunkene König lallt: „Isch möchte ei-ei-einen Ringkampffffff."

 (Es werden zwei Kämpfer ausgewählt. Jeder der beiden sucht sich einen Trommler. Das Trommelspiel bestimmt die Kampfweise (tiefe Töne=Fusstritte, hohe Töne=Handschläge). Alles wird pantomimisch und ohne Körperkontakt ausgetragen. Zwischen den Kämpfenden liegt ein Tuch, das sie nicht übertreten dürfen. Das jeweilige Paar übt zuerst ein bisschen, dann beginnt der Schaukampf. Der/die beste Kämpfer/in wird König/in.)

Doch was ist denn jetzt mit dem König los? Schief und bleich hängt er in seinem Thronsessel. „Ihm ist schlecht! Zuviel Wein und Eis!" kreischt die Königin besorgt. Der König jammert. Tränen kullern. Was tun? Alle sind ratlos. Bis auf den Koch, denn der kennt ein Allheilmittel: Singen. Dem König muss etwas vorgesungen werden. Am besten Kinderlieder, – die wirken in solchen Fällen sofort.

(Alle suchen sich ein Kinderlied aus, üben es gemeinsam und schlagen die Trommel im Takt dazu. Dann wird es dem Königspaar vorgetragen.)

Puh, das ist aber noch einmal gut gegangen. Die beiden königlichen Herrschaften sind ganz selig in ihren Sesseln eingeschlafen.
War das ein Tag! Leise schleicht sich die ganze Burggesellschaft aus dem Rittersaal. Jeder kriecht erschöpft in sein weiches Bett. Diesmal schnarcht einer besonders laut. Der Koch!

Kinder in Brasilien

Inhalt: einige Lebenssituationen von Menschen in Brasilien kennen lernen, Spiele, Rhythmen, Lieder
Material: Tesakrepp, Fotokarton; Küchenutensilien; diverse Kanister, Eimer, Dosen, Trommeln; Material zum Bau eines Jagdbogens; Klangstäbe; „Strumpfratte"
Informationen: Im Netz der grünen Hühner, – Straßenkinder von Recife, Uwe Pollmann, Lamuv Verlag, www.strassenkinder.at

„Der Taktschlag des Surdo, der großen Basstrommel, das ist unser Herzschlag. Diese Schwingungen, diese Rhythmen sind das Blut unserer Vorfahren, die Gestalt unserer Seele."
Dies sagte Joãzinho Trinto, der Leiter einer riesigen Trommelgruppe aus Brasilien[28]. Sambatrommelgruppen in Brasilien treten zum Karneval auf und bestehen manchmal aus bis zu 300 Trommlern und Trommlerinnen.

Machen wir eine kleine „Reise" durch Brasilien mit **Robert Ratte, dem rastlosen Reporter. Er ist stets auf der Suche** nach neuen Abenteuern und Geschichten von Kindern. Auf einem alten Dampfschiff hat es ihn übers Meer nach Brasilien verschlagen.

(Reiseroute: Am Boden mit Tesakrepp-Streifen Straßen oder Eisenbahnlinien aufkleben. Auf farbigen Plakaten verschiedene Symbole oder Bilder aufmalen und zum gegebenen Zeitpunkt als Halte-, und Spielstelle an den Weg legen.)

Einführung

Brasilien liegt in Südamerika, auf der anderen Seite des riesigen Ozeans Atlantik. Es ist so groß, dass ganz Europa hineinpassen würde und ist sogar größer als der Kontinent Australien.

Zuerst lebten hier nur die Indianer, dann kamen die Portugiesen und wollten ihnen ihr Land rauben. Weil sich die Indianer dagegen wehrten und nicht für die Weißen arbeiten wollten, haben die Europäer Schwarze in Afrika gefangen und nach Brasilien verschleppt, die dann dort unter menschenverachtenden Bedingungen als Sklaven für die Weißen arbeiten sollten.

Die Sklaverei ist abgeschafft, aber den großen Unterschied zwischen Arm und Reich gibt es noch immer. Deshalb gibt es in Brasilien Kinder, die in großem Elend leben, aber auch Kinder, die alles haben können.

Es leben nicht mehr sehr viele Indianer in Brasilien. Die meisten Brasilianer sind Schwarze, Weiße oder Mischlinge. Vor etwa 100 Jahren sind auch Menschen aus Deutschland nach Brasilien ausgewandert. Die Enkel und Urenkel leben immer noch dort. Genauso gibt es Menschen, die portugiesischer, italienischer, spanischer und sogar russischer, japanischer und arabischer Abstammung sind. Man kann sich leicht vorstellen, wie sehr sich das Leben einzelner Kinder in diesem Land voneinander unterscheidet.

Aber alle verbindet eines: Sie haben einen Riesenspaß an Musik!

Station A

Kaum berührt seine Pfote das Land, da rast Robert Ratte auch schon los, in die nächste Stadt und rammt einen Puppenwagen, der im hohen Bogen durch die Luft fliegt. Hoppla!
„Bom dia,(1) – wo bin ich," *fragt er die verdutzte Puppenmama. Automatisch zückt er sein Mikrofon und was er nun aus der Puppenmama herausquetscht, das ist äußerst seltsam:*

Das Mädchen heißt Claudia Weber und sie wohnt hier in Blumenau. Das liegt im Süden von Brasilien. Im Süden Brasiliens leben viele Menschen, die von Japanern, Italienern oder Deutschen abstammen. Einige Deutsche wurden vor hundert Jahren vom damaligen brasilianischen Kaiser angeworben, weil er wusste, das sie fleißige Leute sind. Andere sind gekommen, als es in Deutschland Hungersnöte gab. In Brasilien haben sie dann vor allem eine

gut gehende Landwirtschaft aufgebaut und auch eine schmucke Stadt errichtet, mit dem Namen „Blumenau". Jedes Jahr wird dort das Oktoberfest als Erinnerung an die alte Heimat gefeiert. Zum Feiern gehören deutsche Volkslieder und Märsche unbedingt dazu.

„Kennst du das canto(2): Hoch auf dem gelben Wagen?" fragt Claudia. Klar! Erzählt es nicht davon, dass man manchmal alles verlassen muss, auch Orte an denen es viel Musik, Spaß und Partys gegeben hat? „Aber sing es doch auch mal mit diesem Text"; schlägt Robert vor:

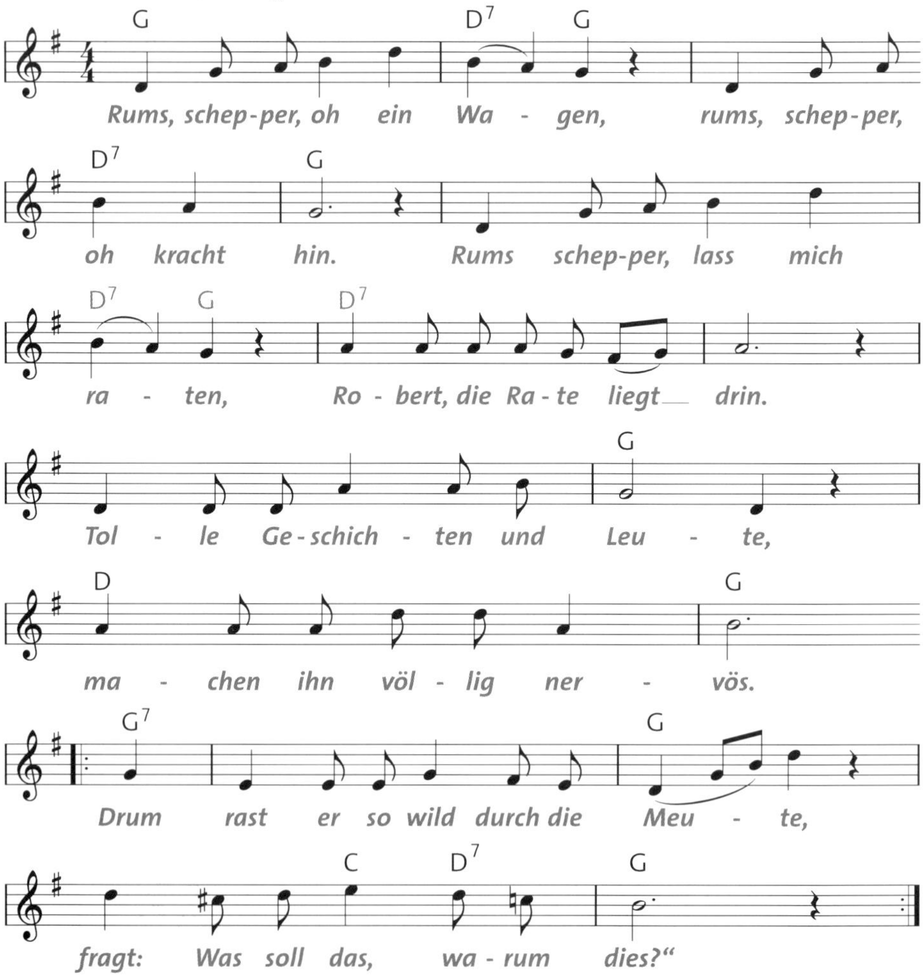

Rums, schep-per, oh ein Wa - gen, rums, schep-per,

oh kracht hin. Rums schep-per, lass mich

ra - ten, Ro - bert, die Ra - te liegt___ drin.

Tol - le Ge-schich - ten und Leu - te,

ma - chen ihn völ - lig ner - vös.

Drum rast er so wild durch die Meu - te,

fragt: Was soll das, wa - rum dies?"

 (Das Lied singen und zunächst klatschend und dann auf einer tiefen Trommel mit einem Marschrhythmus begleiten.)

*(2. Nur den Teil „**Rums, schepper**" dazu klatschen, den Rhythmus erfassen und dann mit Schlägeln und Kartons, Blechteilen o.Ä. rhythmisch wiedergeben.*
3. Falls möglich den Marsch- und Klangrhythmus kombinieren.)

Robert bedankt sich bei Claudia, die nur portugiesisch gesprochen hat. Jetzt sagt sie: „Auf Wiedersehen, até logo!"

Station B

Auf einem störrischen Esel, einem Straßenköter und einem klapprigen Müllkarren reist Rudolf, der rastlose Reporter weiter durch das Land. Mitten auf einer Straßenkreuzung fällt der Karren auseinander. Rudolf wird von dem kleinen Arnildo, dem Müllsammler, aus dem stinkenden Dreckhaufen befreit. „Wo bin ich?", fragt Rudolf benebelt und zückt gleich sein Mikrofon.
Arnildo lässt alles liegen und stehen und zeigt ihm die Stadt, die er in- und auswendig kennt: Rio!

*Im Südosten an der Küste liegt die ehemalige Hauptstadt **Rio de Janeiro**, die Stadt des berühmten Straßenkarnevals, der Sambamusik und der Elendsviertel, Favelas genannt. Hier in den Favelas entstand der Karnevalssamba. Weil die Menschen kein Geld für Trommeln hatten, spielten sie auf allem, womit man Musik machen konnte, zum Beispiel auch auf den Gerätschaften und Bestecken der Küche.*

Arnildo lädt Rudolf zu seinen Freunden ein. Sie hocken alle in einer kleinen Küche, trinken eiskalten Saft, schlemmen süße Früchte und machen Quatsch. „Eh, alemão (3), sei kein Frosch und mach mit", fordert ihn Arnildo auf und bald machen sie ein lustiges Küchen-Trommel-Spiel mit allerlei Küchensachen.

 (Welche Gerätschaften eignen sich als Trommel oder Klanginstrument? Was eignet sich als Schlegel? Welche Klänge und Geräusche sind möglich? Zuerst ausprobieren und dann sortieren:
a) Rassel- und Geräuschinstrumenten (Zuckerdose, Nudelglas, Plastiktüte …),
b) lang klingende Instrumenten (Topfdeckel, Metalleierbecher, Schöpfkellen …),
c) Holz-, Metall- und Plastikklanginstrumente (Holzlöffel, Töpfe, Plastikdosen …).
Eine Person wird zum Musiker und spielt wechselnd mit den a-, b-, oder c-Instrumenten. Etwa: Chaotisches Spiel bei a), ganz langsames Spiel bei b), rhythmisches Spiel bei c). Die anderen Kinder sind Tänzer. Bei a) schütteln sie sich am ganzen Körper, bei b) machen sie langsame, fließende Bewegungen mit dem Oberkörper und den Armen – und bei c) gibt es kurze, eckige Bewegungen, abgehakte, rhythmische Schritte.)

Rudolf Ratte bleibt viele Tage in Rio. Doch eines Morgens läuft er ganz flatterig hin und her. Er muss weiter reisen. Arnildo schmuggelt ihn in einen großen, alten Bus und schon rattert dieser mit seinem blinden Passagier davon.

Station C

*Als Rudolf aufwacht, wird er gerade von einem großen, schwarzen Besen
erfasst. Hei, hoppla, hallo … und holterdipolter kullert er ein paar Stufen hinunter in einen Straßengraben. Rudolf rennt los. „Bicho(4), sieh zu, dass du eine
andere Bleibe findest," schreit ihm der Busfahrer hinterher. Rudolfs flinke Flitze-
rei hat ein jähes Ende an der Wand eines Pappkartons. Bautz! „He, hier wohne
ich," schimpft ein Mädchen. Rudolf torkelt und zieht sein Mikro: „Wer bin ich?"
Als er wieder klar denken kann, erfährt er, dass er bei Fatima und ihrer „banda
axé"(5) gelandet ist. „Wir sind eine Mädchenbande," sagt sie stolz. „Olha!(6)
Das ganze Stadtviertel ist unser Zuhause."*

*Im Nordosten von Brasilien, in dem Bundesstaat Bahia leben viele schwarze
Menschen. In die Hauptstadt Salvador wurden nämlich die meisten Afrikaner
zu Sklaven gemacht. Auch hier ist die Armut besonders der farbigen Menschen
sehr groß. Viele Kinder verlassen die Slums oder haben keine Eltern mehr und
leben als Straßenkinder. Man schätzt, dass es ca. 8 Millionen Straßenkinder in
Brasilien gibt (7). Fast alle versuchen als Autoscheibenputzer, Trinkwasser- oder
Mandelverkäufer, Schuhputzer usw. zu überleben. Manche betteln auch oder
stehlen. Manchmal verdienen sie ein ganz klein bisschen Geld durch Musik-
Machen, indem sie etwa auf Blechtonnen und Plastikkanistern trommeln.*

*Rudolf setzt sich mit den Mädchen auf den Marktplatz. Sie haben ein paar
Dosen und Kanister dabei und trommeln darauf. „Dieser Rhythmus heißt Afro-
Reggae, wir Schwarze hier haben uns das ausgedacht"; brüllt Fatima über das
Trommelgewitter hinweg. Rudolf fährt hoch und tanzt und springt wie ein
Gummiball.*

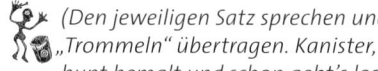 *(Den jeweiligen Satz sprechen und klatschend den Rhythmus erfassen. Anschließend auf
„Trommeln" übertragen. Kanister, Eimer, Tonnen, Dosen, … und dünne Holzschlägel dazu,
bunt bemalt und schon geht's los! Langsam sprechen/spielen. Für die tiefen Instrumente:)*

„Hei - ihr - Leu-te
bleibt - mal - ste-hen."

(Für die hohen Instrumente:)
„Wir - spiel'n - für - euch: - Tsche-ke-tsche-ke."

Die „banda axé" hat mit ihrer Musik schon ein bisschen Geld verdient, da tauchen plötzlich ein paar Ladenbesitzer auf und vertreiben sie, laut schimpfend. Die Mädchen laufen in alle Richtungen davon und Rudolf versteckt sich in der Kanalisation. In einer Blechbüchse treibt er hinaus aus der Stadt. Er sucht einen Platz zum Schlafen und schlüpft in einen Haufen alter Kleidung. Plötzlich wird er hin und her geschaukelt, er hört viele Stimmen und ein lautes Geknatter. „Hoppla, was soll das?" „Pssst, silêncio(8)," flüstert der Junge, aus dessen Jackentasche er hervor schaut. Dieser Junge hockt auf der Ladefläche eines riesigen Lastwagens, der über staubige Strassen rumpelt.

Station D
Unterwegs fragt Rudolf ihn und seine Schwester in aller Heimlichkeit aus. Jorginho und Suzana sind zusammen mit ihren Eltern auf dem Weg zu ihren Verwandten, die auf einem kleinen „sito"(9) leben.

Auf dem Land im Norden leben viele **Bauern**, die von dem kargen und trockenen Boden kaum existieren können. Viele Familien machen sich darum auch heute noch auf den Weg, um in den großen Städten ihr Glück zu versuchen. In den Familien auf dem Land müssen alle hart arbeiten, auch die Kinder. Manchmal rackern sie noch für sehr wenig Geld auf großen Plantagen. Viel Zeit zum Spielen bleibt da nicht.
Aber selbst hier wird mit Begeisterung getanzt, gesungen und getrommelt, besonders wenn genug Regen für die Pflanzen gefallen ist.

Nachts, wenn die Erwachsenen schnarchen, erzählen die Kinder leise von ihrem aufregenden Leben. Sie bringen ihm sogar ein kleines Tanzlied bei, Ciranda (10) genannt.

Ciranda, cirandinha, vamos todos cirandar;
vamos dar a meia-volta, volta e meia vamos dar.

 (Deutsche Version und Rhythmus: Der Rhythmus kann geklatscht oder mit einem Schlägel auf einer tief klingenden Fell-, Rahmentrommel gespielt werden. Der jeweils erste und der dritte Schlag der hintereinander folgenden Dreier-Schläge kann mit der freien Hand abgedämpft werden. So entsteht ein hoher Ton. Der jeweils zweite Schlag (fett gedruckt) wird dann nicht gedämpft, also tief klingend gespielt.)

„Siranda, Sirandinja, lass **uns** tanzen Sirandar; lasst **uns** tanzen, lasst **uns** drehen, lasst **uns** drehen hier **und** da."

Si - ran - da, Si - ran - din - ja, lass uns

tan - zen Si - ran - dar, lasst uns tan - zen, lasst uns

dre - hen, lasst und dre - hen hier und da.

 (Tanzbeschreibung: Im Kreis, Handfassung, Beginn mit re. Fuß nach vorn, gleichzeitig Arme vorschwenken, li. Fuß auf der Stelle und Arme zurück, re. Fuß nach re. seit, li. Fuß nach li. seit, usw.)

Eines Morgens steigt ein finster dreinblickender Mann mit einem Käfig in den Lastwagen. Alle sind stumm und erschrocken. Ein Jaguar hockt darin! Rudolf kann es nicht lassen. Er will ein Interview mit dem gefährlichen Tier. Doch der Jaguar will erst reden, wenn ihn Rudolf befreit. Gesagt, getan: In der nächsten Nacht machen sich beide auf und davon ...

Station E

Auf dem langen Marsch zurück in die Heimat des Jaguars, in den Dschungel, erzählt der Jaguar von Piranhas, Krokodilen und Indianern. Bald verstecken sie sich in einem alten Kahn, der auf dem Amazonasfluss immer tiefer in den dichten Regenwald hineintuckert.

Im Nordwesten Brasiliens liegt der große Amazonas-Dschungel. Nicht nur die Pflanzen und die Tiere, auch die dort noch lebenden **Indianer** sind in ihrer Existenz bedroht. Die Indianer, z.B. die Yanomami[29] sind ein sehr stolzes Volk, die sich unglaublich gut mit den Pflanzen und Tieren auskennen. Sie lieben die Gesänge und Töne der Tiere, spielen Instrumente z.B. Flöten und feiern Feste, zu denen sie sich bunt bemalen. Die Kamaiurá-Indianer etwa feiern das „Yawari-Fest". Javari ist der Leopard in dessen Farben und Fellzeichnung sie sich fantasievoll bemalen. Viele Indianervölker gehen mit Pfeil und Bogen auf die Jagd. Das man damit auch Musik machen kann, haben die Naturvölker schon vor langer Zeit entdeckt:

 (Bauanleitung für einen Jagdbogen: Hainbuche-, oder Haselnussstab (ca. 120 cm lang, ⌀ 2–2,5 cm), 1cm unterhalb des oberen Endes rundum eine Kerbe schnitzen, am unteren Ende auf 2 cm Länge ca. 1/2 cm von der Stabdicke wegschneiden. Eine kräftige Nylonschnur am oberen Ende in der

Kerbe ganz fest binden, die Schnur mit einer Schlinge so um das untere Ende legen, das
der Bogen unter Spannung steht.

Mit einem kleinen Stab, dem ursprünglichen Pfeil, die Saite anschlagen und damit Töne
machen. Wenn der Bogen auf Resonanzkörper (Tisch, Dosen, Tonnen …) gestellt wird,
kann man den Klang lauter hören. Variieren kann man ihn auch, indem man den Bogen
etwas zusammen drückt und so die Spannung verändert.)

„Hier sind wir endlich," knurrt der Jaguar mit blitzenden Augen mitten im tiefs-
ten Dickicht. „Zeit für einen Rattenbraten, vamos!"(11) Gerade will er Rudolf
den Bauch aufschlitzen, da wird er in einem Netz gefangen. Ein Indianermäd-
chen rettet so den rastlosen Reporter Rudolf vor dem sicheren Ende. Aus lauter
Dankbarkeit redet und redet er wie ein Wasserfall über sein ganzes abenteuerli-
ches Leben …
Bevor Rudolf sich wieder auf die Reise macht, schenkt ihm das Mädchen ein
Spiel mit Rhythmus und Gesang, das Kinder ganz unterschiedlicher Hautfarbe
in Brasilien kennen: Escravos de jó – Die Sklaven von Jó

Escravos de jó, jogavam caxanga.
Tira, põe, nao deixa faltar.
(2x) Guerreios com guerreios
fazem zigue-zigue-zá.

Die Sklaven von Jó, die spielen Caschanga.
Nimm ihn, lass ihn, doch höre nicht auf.
(2x) Die Kämpfer und die Krieger
spielen Sigi-sigi-sa."

Die Skla - ven von Jó, die spie - len Ca-schan -
ga. Nimm ihn, lass ihn, doch hö - re nicht auf.
Die Käm - pfer, und die Krie - ger
spie - len Si - gi - si - gi - sa.

(Im engen Kreis am Boden kniend, gibt jeder Mitspieler einen Klangstab (z.B. 15 cm Bambusstab) mit der rechten Hand, im Rhythmus des Liedes, zum rechten Nachbarn weiter
(siehe unterstrichene Silben). Im Liedteil „zigue - zigue - zá" wird der Stab beim ersten
„zigue" nur nach rechts auf den Boden geklopft, beim zweiten „zigue" wieder zurück zum
Spieler geführt und erst bei „zá" endgültig nach rechts weitergegeben, also erst dann
losgelassen.
Zunächst sehr langsam singen und wenn das Spiel gelingt, allmählich schneller werden.
Oft endet es in einem heillosen Durcheinander und lautem Gelächter.)

*(Übersetzungen: (1) sprich: **bon dia**, guten Tag; (2) **kanto**, Lied; (3) **alemau**, Deutscher; (4) **bischo**, Tier; (5) **banda aschä**, Gruppe mit positiver Energie und Kraft; (6) **olja**, schau! (7) aus: A. Jacobs (Hg.): Es ist dunkel aber ich singe, brasilienkunde verlag, Mettingen 1992 (8) **ssilenzio**, Stillschweigen; (9) **ssitschio**, Bauernhof; (10) **Ciranda**: Ursprünglich aus dem ländlichen Waldgebiet von Pernambuco (Brasilien) mit spanisch-portugiesischen Wurzeln. In diesem Tanz sollen sich symbolisch alle Farben, Rassen, Religionen und Geschlechter die Hände zum Spielen reichen. (11) **wamos**, los geht's!)*

Trommeln aus Brasilien

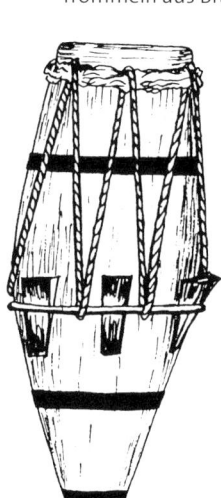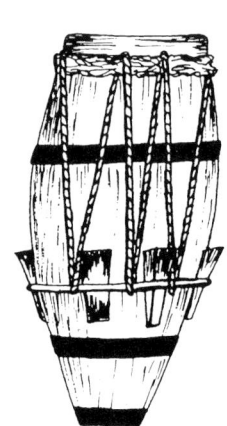

3. Spielgeschichten zum Ausruhen

„Sag mal, Puh, warum hast du eigentlich nichts zu tun?" fragte ich.
„Weil der Tag so schön ist," sagte Puh …
„Aber du könntest doch etwas wichtiges zu tun haben," bohrte ich weiter.
„Hab ich doch," behauptete Puh.
„So? Was denn?"
„Ich höre zu," sagte er.

Aus: Tao Te Puh, Benjamin Hoff, Synthesis Verlag

Der verrückte Garten

Inhalt: Klänge, Töne, Dynamik; Wechsel von Aktion und Ruhe
Raum: Bewegungsraum
Material: Klanginstrumente aus Metall (Glöckchen, Metallstäbe, Klangstäbe, Xylophon, Gong, Deckel, Bleche …), tief klingende Trommel (Tamburin o. Ä.), Schlägel, Bildkarten

Seltsam. Erinnert ihr euch? Letzte Woche haben wir einen Zauberer besucht und seitdem verwandeln wir uns immer wieder. Zum Beispiel in Löwen, Rennpferde, Feuerwehrautos, Schlagersänger, Goldkäfer ...

 (Verwandlung ankündigen und gemeinsam ausdenken und mit viel Bewegung darstellen.)

Was ist heute nur wieder los?! Plötzlich stehen wir mitten in einem Urwald. Ja natürlich, wir stehen in dem Garten, in den wir gerade hinein gegangen sind. Nur, – wir sind winzig klein, wir sind geschrumpft! Wir sind sogar noch kleiner als Gartenzwerge. Der Urwald besteht aus nichts anderem als Gras und Blumen. Hilfe, – es ist total schwer vorwärts zu kommen. Überall sind diese undurchdringlichen Grasbüschel!

 (Alle stehen dicht beieinander und bilden „dichte Grasbüschel". Abwechselnd winden sich einzelne hindurch.)

Los, – machen wir uns auf den Weg und suchen nach jemandem, der uns wieder groß machen kann.
Doch was ist das? So ein lautes Gebrumm! Überall sausen Hubschrauber, ach nein, dicke Bienen umher. Dies ist schließlich eine Blumenwiese.

 (Das Bienengesause und -gesumme imitieren. Nicht sprechen, vielleicht kann man sich ja mit Gesumm verständigen.)

Wir treffen uns in der Mitte des Gartens *(hier liegt eine Decke)*
und erzählen, was die Bienen wohl alles gesehen haben. Haben sie die Klangblumen bemerkt? Hier blühen sogenannte Klangblumen in allen Farben und Formen. Wenn man genau hinsieht, dann findet man sie auch.

 (Klanginstrumente, die mit Blumenkarten gekennzeichnet sind, liegen verdeckt im Raum. Sie sollen gesucht, aufgedeckt, ausprobiert und wieder zurückgelegt werden. Alle Instrumente einmal antesten.)

Alle „Minizwerge" können sich eine Klangblume aussuchen und mitnehmen. Wenn sie dabei ganz leise klingen, wird es plötzlich viel leichter durch diesen Grasdschungel zu gehen. Klingen sie laut, geht alles nur in Zeitlupe.

 (Jedes Kind sucht sich ein Instrument und geht damit spielend durch den Raum. Durch ein vereinbartes Zeichen zwischen laut und leise wechseln. Dabei entsprechend langsam oder schnell durch den Raum bewegen.)

Wenn man nicht acht gibt, dann klingelt es einem in den Ohren vor lauter Klängen. Eine Klangpause zum Zuhören kann dann richtig gut tun.

 (Ein Kind geht auf die Decke und präsentiert seine „Blume". Alle anderen bleiben still stehen und hören auf diesen Klang. Sobald dieses Kind die Mitte verlässt, gehen und klingen alle weiter. Jedes Kind sollte seine Klangblume einmal allein gezeigt und gespielt haben.)

Aber wir wollten doch jemanden suchen, der uns wieder in unsere alte Größe zurück verwandelt. Also gehen wir los. Doch verflixt! Plötzlich können wir uns nur noch in der „Blumensprache" unterhalten.

 (Während alle klingend durch den Raum gehen, stellt sich jemand auf die Decke, spielt nicht und wartet. Wenn jemand Zweites ebenfalls zur Mitte kommt, sind alle anderen augenblicklich still. Die beiden „sprechen" durch die Instrumente miteinander. Sie stellen „Fragen" und „antworten" und machen Gesten und ein entsprechendes Mienenspiel dazu. Nach einer Weile ziehen sich die beiden wieder zurück, alle Instrumente erklingen, bis wieder jemand in der Mitte auftaucht.)

Plötzlich wird der Himmel schwarz. Hui, ein Unwetter kommt. Ein starker Wind weht heran und pustet so, dass wir mit dem Gras hin und her schwanken.

 (Den Wind mit der Stimme imitieren.)

Jetzt braust ein Wirbelwind los. Er nimmt alle mit und wirbelt sie durcheinander über die Wiese. Die Blumen klingen laut und wild.

 (Laut klingend durch den Raum laufen.)

Endlich flaut der Wind ab. Als die Zwergentruppe ganz still ist, kann sie noch den Wind in den Bäumen rauschen hören. „Hallo ihr! Die Expedition trifft sich dort an der alten Eiche!"

 (Auf der Decke im Kreis sitzen.)

Sind alle heil geblieben? Die Blumen auch? Klingen sie noch? Lassen wir sie der Reihe nach noch einmal klingen. Ja, alles o.k.!
Was ist das? Hört ihr das, – diese leise Melodie?

la   la   la   la   la   la   la   la   la

Dort oben in der alten Eiche hockt eine alte Baumfrau. Sie singt, wenn sie ihr grünes Haar kämmt und sich dabei im Spiegel anschauen kann.
Kommt, wir singen einfach mit und spielen mit den Klangblumen dazu.

 (1. Zu Beginn jeder Strophe reihum einen Ton spielen. 2. Reihum die ersten drei Silben begleiten. Was für eine Melodie ergibt sich dann?)

Da sitzt also eine Baumfrau. Kann sie uns vielleicht helfen? Hat sie Zauberkräfte? Bestimmt. Die kann uns sicher aus dieser verrückten Lage befreien.
„Nein! Ich gebe mich nicht mit Winzlingen ab", zetert sie, nachdem wir sie höflich gefragt haben. „Außerdem habe ich gar keine Zeit. Geht zu dem alten Knacker in der Bruchbude da hinten."

Na immerhin ist das ein Hinweis. Also suchen wir uns einen Weg durch das riesige Gras und entdecken tatsächlich ein altes Haus. Hier wohnt ein uralter Schmied mit einem riesig-langen Bart.

 (Was ist ein Schmied? Bilder und Beispiele seiner Handwerksarbeit zeigen.)

Es ist ein besonderer Schmied. Er allein denkt sich nämlich die Klangblumen aus. Er baut sie und pflanzt sie dann in diese Wiese. Hört mal, er arbeitet gerade wieder. Mit klitzekleinen Hämmern bastelt er die Blumen. So hört sich das an ...

 (Alle spielen nur mit den Fingern/Fingernägeln auf ihrem Instrument.)

Manchmal brummt er einen Spruch dazu:

Klinge kleines Ding, – töne wie ich sing,
wenn ich fertig bin, – sagst du leise: Pling.

 (1. Alle spielen den Rhythmus mit den Fingern auf ihrem Instrument. 2. Nur den Text sprechen und reihum macht jeder einen Ton anstelle des Wortes „pling".)

„Hallo. Was sind denn das für Blumen, die du da gerade bastelst", fragen wir ihn. Der Schmied ist sehr freundlich. Er erklärt es uns genau.

 (1. Die Namen der vorhandenen Instrumente lernen. 2. Merkspiel: Ein Kind schlägt sein Instrument an und nennt dann den Namen eines anderen Instrumentes, das Kind im Besitz dieses Instrumentes macht weiter, so geht es eine Zeit lang hin und her.)

Der Schmied will sofort helfen, nachdem er von unserem Missgeschick gehört hat. Er meint, er müsse nur den richtigen Ton finden, der würde uns schon wieder wachsen lassen. Vielleicht ist es der tiefste, oder der höchste Ton, oder der lauteste oder leiseste Ton, oder der Ton, der am längsten klingt oder der, der nur ganz kurz tönt?

 (Die Instrumente daraufhin untersuchen.)

Doch was geschieht denn da mit uns? Wir werden mal dicker und dünner, bekommen lange Haare oder breite Füße, aber größer werden wir nicht durch die Töne. Die ganze Zeit über ist es immer dunkler geworden. Plötzlich wird der Schmied müde. Er entschuldigt sich, sagt dann, dass er uns doch nicht helfen kann und geht ins Bett. Geht einfach ins Bett! Wir nehmen unsere Blumen und trollen uns wieder in den Garten. Dort finden wir eine riesige vierblättrige Klee-pflanze. Vielleicht hat sie eine Heilwirkung:

Vierblättrig Kraut, – heil mir die Haut,
unsre Gestalt, – streck bitte bald.

 (Den Rhythmus bis auf die je vierte Silbe (Kraut/Haut...) sehr leise spielen.)

Nichts geschieht ... Es ist inzwischen mucksmäuschen still im Garten.
Doch nein, – da weint jemand. Na so was, das muss die alte Baumfrau in der
Eiche sein. Stimmt! Sie heult, weil sie wegen der Dunkelheit ihre schönen Haare
in dem Spiegel nicht mehr sehen kann.
Wir versprechen ihr zu helfen. „Unter einer Bedingung, verrate uns, wie wir wie-
der groß werden können." „Na gut", sagt sie schniefend und erklärt lang und
breit, was wir tun müssen ...
Kurz darauf lie-
gen wir alle
im tiefen
Gras.

 (Mit den Klanginstrumenten auf die Decke legen, auf dem Rücken in Form eines Sterns,
Füße in der Mitte. Dort in der Mitte hockt die Spielleitung mit einer Handtrommel.)

1. **Alle genießen den Nachthimmel:**
   (Die Augen schließen oder den Raum abdunkeln.)
2. **Zuerst geht der Mond auf. Er hat einen Klang:**
   (Auf der Trommel einen langsamen und einfachen Rhythmus spielen.)
3. **Nach und nach erscheinen Sterne am Himmel. Für jeden aus dieser**
   Runde erstrahlt dort oben ein Stern. Und sie klingen genau so, wie die
   Blume in unserer Hand. Doch sehr, sehr leise, weil sie so unendlich weit
   weg sind:
   (Vereinzelt oder reihum lassen die Kinder leise Töne erklingen, die nur durch Finger-
   schläge erzeugt werden. Die Trommel spielt weiter.)

Da spürt man es genau. Zuerst wird es überall im Körper ganz warm. Dann, wenn man genau hinspürt dehnt man sich tatsächlich aus, – gaaaanz langsam:

 (Zuerst die einzelnen Körperteile benennen, die nach und nach warm werden. Dann in der Vorstellung den Körper ausdehnen lassen, wie eine Puppe, die langsam aufgeblasen wird.)

Geschafft! Wir sind wieder völlig normal. Bevor wir diesen verrückten Garten verlassen, legen wir die Klangblumen vorsichtig wieder an ihren Platz. Draußen schlagen wir uns noch den Blütenstaub von den Klamotten, streifen Blätter, Grashalme und Gartenerde ab,

 (den ganzen Körper abklopfen und abstreifen)

und gehen endlich nach Haus.
Morgen bringen wir der alten Baumfrau eine große Taschenlampe vorbei. Versprochen ist versprochen!

Inseln im Meer

Inhalt: Spannung und Entspannung, Hand-, Körpererfahrung, Trommeln entdecken
Raum: Bewegungsraum
Material: Decken, Plastikplane, große Schüssel o. Wanne, Trommeln, Oceandrum

Ich habe eine Reise gewonnen. Eine Reise auf eine Insel im Meer, – für uns alle! Seid ihr dabei? Dann müssen wir aber schnell unsere Koffer packen ...
Und nun radeln wir mit dem Fahrrad zum Flughafen.
 (auf dem Rücken liegend das Pedaltreten imitieren)

Danach steigen wir in ein Flugzeug ein und schon sausen wir los.
 (mit ausgebreiteten Armen durch den Raum rennen)

Das Flugzeug landet in einer Bucht auf dem Wasser direkt vor der Insel. Von hier aus müssen wir noch ein wenig schwimmen.
 (Brustschwimmen und Kraulen mit den Armen imitieren)

Am Ufer schütteln wir uns kräftig, so wie ein nasser Hund das macht und dann drücken wir das restliche Wasser aus unserer Kleidung heraus.
(mit kräftigen Griffen über die Kleidung die Gliedmaßen und den Körper fassen)

Schließlich legen wir uns auf den warmen, weißen Sand in die Sonne, um uns von ihr trocknen zu lassen.

(auf dem Rücken liegend ausruhen und zur Ruhe kommen)

Während uns die Sonne wärmt und trocknet, betrachten wir unsere Hände. Sie haben schon sehr viel getan bisher. Erinnert ihr euch, was sie gemacht haben?

Hebt man die Arme und Hände in die Luft und blinzelt dabei ein wenig, dann könnten sie glatt die **Stielaugen** einer Schnecke sein, die sich ausfahren und wieder einziehen lassen, oder vielleicht die großen **Ohren** eines Hasen, oder der **Rüssel** von einem Elefant, oder die lange **Nase** von einem Nasenbär, oder eine lange Palme, so eine wie die, die hier am Strand stehen.

Die Palmen bewegen sich leicht im Wind und die Zweige

(Hand und Finger)

werden sanft bewegt. Manchmal sieht es so aus, als würden die Zweige wie eine Welle auf und ab schwingen

(die Finger der Reihe nach)

oder als würde ein Zweig

(Finger)

den anderen Palmen zuwinken.

Aber, es sind doch immer noch unsere Hände.
Nehmt sie mal in die Hand und spürt, wie sie sich anfühlen. Sie sind beinahe so etwas wie die **Fühler** einer Biene. Diese Fühler spüren alles ganz genau.
Spürt einmal den Wind in den Händen.

(sanft in die Hände blasen)

Und diese Hände verraten uns auch, was sie fühlen können. Schließt die Augen und befühlt mit den Fingerspitzen euren Kopf, die feinen Haare, die warme Haut, die feuchten Lippen, die harten Zähne ...

Was können die Hände noch?

(locken, drohen, bitten, boxen, kneifen, rühren, matschen, klatschen, zupacken, festhalten, tragen, kitzeln, streicheln, „Nein" sagen und „Guten-Tag" sagen und vielmehr, ggfs. nachstellen).

Ach ja, wir sind auf einer Insel gelandet. Da wir jetzt ganz trocken und warm geworden sind, wollen wir sehen, wie es weiter geht.
Ein wunderschöner, langer Sandstrand verlockt zu einer kleinen Entdeckungstour.
Wir entdecken tatsächlich etwas: Einen breiten Platz unter Palmen. Was steht denn dort? Neugierig schleichen wir uns dorthin und sehen, dass es große Trom-

meln sind. Pssst, leise, dass uns ja niemand hört! Wie fühlen sich die Dinger eigentlich an?

 (Eine Trommel aussuchen, mit geschlossenen Augen überall abtasten, wie fühlt sie sich an, innen, außen, der Korpus, die Verspannung, das Trommelfell ...)

Mit geschlossenen Augen befühlen wir die Trommelhaut. Berührt sie sanft. Die Trommel muss auf ihrer Haut zuerst so wie ein Tierbaby gestreichelt werden. Dann kann man darauf tasten, tippen und leise Töne machen. Ob uns jemand hört? Nein, nein.
Sollen wir die Trommeln zum Klingen bringen? Es kommt ja doch niemand.

 (Mit den Händen verschiedene Töne und Geräusche auf dem Trommelfell produzieren:
Mit den Fingerspitzen, wie eine schleichende Katze am Strand.

Mit der ganzen Handfläche, wie eine Ente im weichen Sand und mit streichenden Handflächen, um die Abdrücke im Sand wieder auszustreichen.
Mit den Fingerknöcheln, um die Abdrücke eines gefährlichen Inseltieres in den Sand zu drücken, oder mit dem Handballen die Abdrücke eines friedlichen Tieres.
Mit den Fingerspitzen kann man herumfahren, als würde man Kreise und Spiralen in den Sand malen, oder man kann die Finger so zusammenziehen, als würde man kleine Sandhäufchen machen wollen.
Mit zwei voranschreitenden Fingern, wie ein ängstlicher Krebs am Strand.
Die Hände auf der Stelle so bewegen, als wären es Krebse, die sich schnell in den feuchten Sand eingraben wollen.
Mit dem Fingernagel vorsichtig klopfen und kratzen, als wolle man den Krebs wieder hervor locken.

 Mit den Daumen seitlich an den Fellrand schlagen, als wolle man damit den Sand flach klopfen und dann mit den Fäusten nachhelfen.
Mit dem Zeigefinger kleine Löcher in die Sandfläche tippen und mit den Handkanten leicht schlagen, um kleine Gräben dazwischen zu setzen.
Mit den Fingern einer Hand der Reihe nach so tippen, als wäre man ein nervöser Mensch, der auf das rettende Schiff wartet.)

Plötzlich knackst es im Gebüsch, Schritte und Stimmen sind zu hören... Schnell lassen wir alles stehen und liegen und rennen wie der Blitz den Strand entlang zurück zu unserem Schiff. Wie der Wind sind wir an Bord und fahren auf die offene See hinaus. Puh! Das war knapp.

Nun sitzen wir alle an Deck und genießen erst mal die leichte Meeresbrise. Langsam schaukelt das Schiff auf den Wellen ...

 (Eine dünne Plastikplane ausbreiten und mit allen, am Boden sitzend, in leichte Bewegung versetzen, mit dem Körper schwingend die Wellenbewegung nachahmen.)

Doch mit einem Mal wird der Wind stärker und die Wellen schlagen höher. Das Wasser spritzt am Schiff hinauf, die Wellen klatschen an Deck, die Seile knallen und der Wind pfeift. Oh weh, da braut sich ein Sturm zusammen. Schon werfen uns die hohen Wellen hin und her. Der Sturmwind hebt uns sogar von den Füßen.

(mit Plane und Körperbewegungen im Stehen nachahmen)

Plötzlich werfen uns haushohe Wellen von Deck in die wilde See.

 (Nacheinander rollen sich die Kinder unter der wild bewegten Plane hindurch auf die je andere Seite.)

Oh! Das Schiff sinkt! – Aber wir werden glücklicherweise an den Strand einer anderen Insel gespült.

 (Die Plane wird ruhig gehalten und abgelegt. Alle strecken sich ringsumher am Boden aus.)

Der Sturm hat sich endlich gelegt, die Wolkendecke reißt auf, es wird ganz still ringsumher. Die Sonne wärmt und trocknet uns.

Wir sind gestrandet und warten auf ein Schiff, das vorbei kommt.

Auf dieser Insel wohnt niemand und deshalb wird es wohl leider auch keine Trommeln geben.

Langeweile? Quatsch! Wir benutzen unseren Körper wie eine Trommel und spielen das darauf, was wir schon auf dem Trommelfell der Trommeln gelernt haben.

 (Im Sitzen alle Berührungen und Schläge mit viel Fantasie und Variationen an sich selbst ausprobieren. Die Leitung unterstützt dies mit Bildbeschreibungen, s.o.)

Und weil das nach den Strapazen auf dem Meer so wohl tut, schenken wir diese Trommelberührungen wie eine Massage auch noch unserem Rücken.

 (Im Kreis oder in einer Reihe knien alle hintereinander und wiederholen einiges auf dem Rücken des vorderen Kindes.)

Allmählich sind wir durstig geworden und da man das salzige Meerwasser ja nicht trinken kann, erkunden wir die Insel, ob sich nicht eine Süßwasserquelle finden lässt. Und tatsächlich – eine Quelle!

 Eine große Schüssel oder sogar Wanne mit Trinkwasser auf die Plane stellen.

Ist das Wasser genießbar?

 *(Mit Hilfe der Hände trinken.)*

Hört wie das plätschert..., wie Wassertrommeln:

So wie ein Insekt, ein Wasserläufer, der über das Wasser hüpft:

Ich hüpf schnell – ich hüpf schnell – ich hüpf hoch – und – weit.

 (Mit den Fingerspitzen rhythmisch ins Wasser tippen.)

Achtung. Dort schwimmt eine Forelle. Sie hat Appetit auf Insekten:
Lauf – so schnell – wie – du – nur – kannst.

 (Rhythmisch ins Wasser schnipsen.)

Doch die Forelle springt schon aus dem Wasser und versucht das Insekt zu schnappen:

Plitsch – platsch – plitsch – platsch.

 (Mit den hohlen Händen leicht ins Wasser schlagen.)

Doch es gelingt ihr nicht. Müde von der Jagd schwimmt sie davon.
Auch wir sind müde geworden. Wir legen uns auf das weiche Moos neben der Quelle und schlafen erschöpft ein.

 (Angeleitete Fantasiereise mit dem Klang des Wassers. Die Leitung erzählt, schmückt die Geschichte etwas aus und spielt eigenhändig Wasserklänge dazu:)

Im Traum fühlt ihr euch wie eine kleine und müde Forelle, die sich vom fließenden Wasser forttragen lässt. So zieht sie mit dem Wasser von der kleinen Quelle, zu einem Bächlein, einem Bach und einem kleinen Flüsschen bis zum Meer. Dort verschwindet das Wasser in den riesigen Wassermassen und ihr lauscht auf die leise und gleichmäßig rauschenden Wellen am Strand.
 (Mit einer selbstgefertigten Oceandrum (s. Trommelbau) nachahmen.)

Nach einem langen und erholsamen Schlaf erwachen wir, rekeln und strecken uns und finden uns in (?) wieder!!

4. Noch mehr Spielideen zum Ausruhen und Entspannen

Inhalt: weitere Spiele zum Thema „Ausruhen und Entspannen"
Raum: Bewegungsraum
Material: Kissen, Decken, Turnmatten, Klanginstrumente, Trommeln

Himmlischer Klang

Wer möchte einmal durch einen Himmel voller Töne und Rhythmen schweben, sich ausstrecken und genießen?
Alle, bis auf drei Kinder verteilen sich mit ausgesuchten Trommeln und Klanginstrumenten im Raum. Eines legt sich auf eine Decke, schließt die Augen und wird von den anderen an den Deckenenden sehr langsam durch den Raum gezogen, leicht geschaukelt oder gar getragen. Eine feste Turnmatte kann auch mit Rollbrettern darunter durch den Raum bewegt werden. Oder das „Genießer-Kind" liegt auf einem Turnmattenstapel, in einer Hängematte oder einer gemütlichen Kuschelecke und die anderen „schweben" wie Klang- und Trommelwolken herum. Jeder neue Himmelsbesucher kann sich neue Instrumente auswählen. Die Klang- und Trommelwolken sind leicht, sanft, leise und halten immer wieder inne. Sie selbst hören den anderen zu.
Variante: Lediglich die Wolke klingt, an der das „Genießer-Kind" vorbeischwebt.

Trommelspiel und „Tiermassage"

Auf einer Naturfelltrommel mit großem Durchmesser werden die Bewegungen von Tieren imitiert. Dazu können zum Beispiel gehören:

- 👁 Der Zebraschlag (– die Hände mit der Fingerfläche am Fellrand spielen),
- 👁 Gorillaschlag (– mit Fäusten in die Fellmitte),
- 👁 Elefantenschlag (– mit dem Handteller in die Fellmitte),
- 👁 Entenschlag (– Hand wie einen nassen Waschlappen locker auf das Trommelfell patschen lassen),
- 👁 Ameisenschlag (– mit allen Fingerspitzen einer Hand, außer dem Daumen, gleichzeitig auftippen oder krabbeln),
- 👁 Hühnerkratz-Schlag (– auf dem Fell mit den Fingernägeln kratzen)

Nachdem alle die dazugehörenden Schlagarten auf der Trommel ausprobiert haben, bespielt zunächst die Leitung allein eine Trommel. Die anderen Gruppenmitglieder geben sich gegenseitig in angenehmer Atmosphäre eine „Tiermassage" entsprechend der vorgespielten Trommelspielweise:

Zebra	*– mit dem Mittelfingerbereich schnell galoppieren,*
Gorilla	*– mit den Fäusten vorsichtig klopfen,*
Elefant	*– langsam marschierende, flache Handteller,*
Ente	*– mit flacher Hand auf Rücken patschen,*
Ameise	*– mit einzelnen Fingern (Fingerspitzen) kreuz und quer über Rücken krabbeln,*
Huhn	*– mit Fingernägel leicht kratzen,*
Känguru	*– mit beiden Händen gleichzeitig leichte Sprünge,*
Schlange	*– mit Schlangenleib den Rücken ausstreichen.*

Klang-Pfade in der Nacht

Es gibt ein Land, in dem man nachts durch Klänge über geheimnisvoll ver-
schlungene Pfade geführt werden kann. Paarweise bewegen sich die Kinder
langsam, die Töne genießend durch den Raum. A sucht sich dazu einen angenehmen Klang oder ein solches Geräusch aus und schließt die Augen. B spielt
und führt damit A sicher durch den Raum. Droht ein Zusammenstoß mit einem
anderen Kind oder einer Wand, etc. so schlägt B zweimal kurz und A bleibt auf
der Stelle stehen, orientiert sich nach den neu einsetzenden Tönen, wendet sich
in diese Richtung und geht weiter. B spielt einen gleichmäßigen, einfachen und
langsamen Rhythmus.

Die Murmeltiere wachen auf

Weil es unter Murmeltieren immer wieder vorgekommen ist, das ganze Familien den Frühling und den Sommer verschlafen haben, haben sie einen Weck-
dienst engagiert. Dieser soll die Murmeltiere zunächst mit sehr sanften und
sehr leisen Tönen so langsam und behutsam wie möglich aus dem Wintertief-
schlaf wecken. Wenn ein einzelner Ton erklingt zuckt es irgendwo im Körper der
Murmeltiere, wenn ein sanfter Rhythmus gespielt wird, dann bewegt sich gar
ein Körperteil ein wenig. Je mehr es klingt und trommelt, desto mehr Murmel-
tier bewegt sich, die Bewegungen werden mit der Musik größer und kraftvoller,
bis die Schlafmützen endlich aufwachen und schlaftrunken umher krabbeln.
Doch nicht zu viel am ersten Tag!

Schon kommt die Einschlafhilfe. Die Rhythmen werden langsamer und langsamer, die Töne leiser und leiser, bis man kaum noch etwas und dann gar nichts
mehr hört. Die Murmeltiere sind zu ihrem Schlafplatz gekrochen, haben sich
hier und da noch ein bisschen bewegt, die optimale Ruhestellung ausprobiert
und sind schon eingeschlafen.
Zwei bis drei Kinder spielen dazu für die anderen, die es sich auf einer Decke mit
Kissen gemütlich gemacht haben.

Gesund werden

Wenn man krank gewesen ist, dann sollte man sich noch ein wenig ausruhen und das Gesund-werden genießen. Die Geschwister bringen etwas zum Schlecken und Lutschen, die Mutter liest eine Geschichte vor ... und man liegt noch etwas im Bett, auf dem Sofa, in einer gemütlichen *Kissenecke*, schließt die Augen und lauscht auf die Geräusche der anderen: Vater kocht in der Küche, – man hört das Besteck klappern, schaben, klopfen und das Geschirr klingen, scheppern, tönen ... Oma baut ein neues Spielhaus, – man hört sie sägen, hämmern, schleifen ... Nachbar Meier strikt mit klappernden Nadeln einen Winterschal, zählt die Maschen, summt eine Melodie ...
Jedes Kind stellt sich vor, wo es am liebsten liegen möchte und was es von den anderen/ der Familie hören möchte (Geräusche des Alltags!) um gesund zu werden. Die jeweils anderen Kinder schaffen auf den *Instrumenten* oder auf mitgebrachten *Gegenständen des Alltags* eine angenehme Geräuschkulisse.

5. Der Trommler

Inhalt: Ein Märchen nacherzählen und nachspielen
Medien: Trommeln, Schlegel, Requisiten, Kostüme

Vor langer, langer Zeit entstand ein Märchen, das „Der Trommler" heißt und von den Brüdern Grimm aufgeschrieben wurde. Ich will euch einmal erzählen, wie dieses Märchen geht:

Ein junger Mann wird „der Trommler" genannt. Vielleicht deshalb, weil er den ganzen Tag lang trommelt, oder weil das Trommeln sein Beruf ist.
Eines nachts, da taucht plötzlich eine geheimnisvolle, durchsichtige Gestalt an seinem Bett auf. Uiih, – was will **die** *von ihm? Ein Hemdchen will sie zurück haben, das er gefunden und in die Tasche gesteckt hat. Der Trommler hat keine Angst und außerdem ist er ein netter Kerl. Er gibt das Hemd zurück. Aber halt! Vorher muss sie noch verraten, wer sie ist.*
Da kommt eine traurige Geschichte heraus.
Dort am Bett, – man glaubt es kaum, da schwebt eine richtige Königstochter. Sie ist von einer bösen Frau verzaubert worden und wird von ihr dazu gezwungen, auf einem Berg aus Glas zu leben.
Der Trommler findet das nicht richtig. Natürlich will er die Prinzessin sofort befreien. Prinzessinnen muss man doch helfen. Besonders, wenn sie eine so süße Stimme haben und so wunderschön sind wie diese.
Die Prinzessin aber glaubt, dass er es leider nie und nimmer schaffen würde und schwebt traurig zurück zum Glasberg. Der junge Trommler überlegt nicht lange,

er macht sich sofort auf den Weg. Flugs hängt er seine Trommel um und schon geht es in einen finstern Wald voll gestopft mit riesenhaften Menschenfressern. Na, wo stecken die denn, denkt er, – solche Schlafmützen. Und er trommelt los, so laut es geht. Ob das den Riesen Angst macht? Nein! Schon richtet sich einer von seinem Lager auf und will den Winzling gleich zum Frühstück verschlingen. Was macht der Trommler? Er trommelt einfach weiter! Der Menschenfresser runzelt die Stirn. „Was soll das, du Knilch?", ruft er. „Oh du armes Ungeheuer", sagt der Trommler keck, „– ich trommele gerade ganz viele Menschen zusammen. Und dann, dann geht es dir ganz schön an den Kragen." Er hat sich das mal eben ausgedacht. Der Menschenfresser weiß das nicht, er hört nur die Trommel, die weit über das Land schallt. Und kriegt Schiss. „Was soll ich tun, damit du die vielen Menschen wieder forttrommelst?" fragt er ängstlich. Haaaa! Da hat der Trommler doch tatsächlich den Menschenfresser überlistet. „Trag mich mit Riesenschritten zum Glasberg," sagt er, „– und ich werde den Leuten das Signal zum Weggehen trommeln."

Der Riese trägt ihn eilig fort. Ein paar andere Riesen helfen eifrig mit. Unterdessen trommelt und trommelt der kleine Kerl und hat seinen Spaß.
So kommt er wohlbehalten zum Glasberg. Dort ergattert er einen Zaubersattel. Während zwei Männer sich darum streiten, setzt er sich einfach drauf und fliegt damit auf den hohen Berg.
Wen trifft er dort? Die böse Frau! Hier ist ihr Reich. Sie gibt ihm auch gleich Aufgaben auf, die kein Mensch in hundert Jahren schaffen kann. So soll er zum Beispiel innerhalb eines Tages einen großen Wald zu Kleinholz hacken. Da nützt ihm keine List und hilft ihm keine Trommel.
Doch plötzlich taucht wieder die wunderschöne Königstochter auf und erledigt die ganze Arbeit mit einem magischen Ring. Aber den schlimmen Zauber, der auf der Prinzessin liegt, den muss der Trommler ganz allein beseitigen. Er muss die böse Frau besiegen.
Als gerade das viele Kleinholz in einem riesigen Feuer brennt und die böse Frau den Trommler darin verbrennen will, da packt er sie mit aller Kraft und wirft sie mitten hinein.
Endlich ist die Prinzessin frei.

*Sie ist natürlich ganz begeistert von dem mutigen Trommler und will ihn ...
– na? ... heiraten. Der Trommler sagt sofort „ja!".*

*Beinahe wäre die Hochzeit geplatzt, weil seine Eltern ihn mit einer anderen
Frau verheiraten wollten. Doch zuletzt erkennt der junge Trommler, dass es nur
die Prinzessin ist, die er liebt.*

Es gibt ein Riesenfest, auf dem sicher auch Trommelmusik gespielt wurde.

(nach einem Märchen der Gebrüder Grimm)

 *(Dieses Märchen kann mit Requisiten, Instrumenten und einfachen Kostümen nachge-
spielt werden. Weitere Märchen finden sich in dem Buch „Erzähl mir doch ein Märchen",
von Brigitta Schieder, Don Bosco Verlag. So lässt sich etwa das Märchen „Das Töpflein
mit dem Hulle-Bulle-Bäuchlein" besonders schön musikalisch gestalten.)*

6. Trommeln und Tanzen mit Masken

Inhalt: allgemeine und konkrete Anregungen zum Maskenspiel mit Trommeln
und Klanginstrumenten
Raum: Werk-, Bewegungsräume

Einführung

Kaum ist die anfängliche Unsicherheit und Unerfahrenheit im Umgang mit
Masken durch erkundende Spiele vorüber gegangen, schon erlaubt die auf-
gesetzte Maske eine Art Verwandlungsprozess, in dessen Verlauf der Träger
an sich selbst neue Möglichkeiten entdecken kann. Das Tragen von Masken
erleichtert es sehr, in eine andere Rolle zu schlüpfen. Das Ich kann mehr zurück-
treten und die eigenen, nicht gelebten, erträumten, erdachten, fantasierten
Anteile können in den Vordergrund treten und die neue Rolle füllen. Die Maske
überträgt ihre besondere Ausstrahlung in den Körperausdruck und die Bewegung des Trägers. Kinder lassen sich gern von Rollen anstecken, die einen ein-
deutigen Charakter (z.B.: gute / böse Figur) wiedergeben, oder von Figuren, die
sie aus den Medien kennen.

Allgemeine Anregungen

Im Maskenspiel verliert die Sprache an Bedeutung,
jedoch die Bewegung und der Ausdruck wird
wichtig. Ein wesentlicher Bewegungsimpuls dazu
kommt von der Musik, insbesondere vom Rhythmus der Musik. Insofern ist Trommel-Musik, sind
Trommeln und Klanginstrumente mit ihren verschiedenartigen Ausdrucksenergien (feurig, erdig,
fließend, sanft klingend) als Bestandteil eines Mas-
kenspiels besonders geeignet.

Zwei Spielarten ...

... lassen sich in den verschiedensten Fastnachts- und Karnevalsbräuchen beobachten:

1. Maskenwesen begleiten ihren Auftritt trommelnderweise selbst,
2. Trommelgruppen führen Maskenwesen an oder lassen sich von ihrem Auftreten leiten.

Besonders interessant für dieses Buch ist die zweite Variante, die viele Möglichkeiten für Wechselspiele zwischen Musiker und Maskenträger eröffnet.

Inspirieren lassen kann man sich

(a) von den *traditionellen* Feldern in denen Maskenspiel üblich war und ist (Karneval, Theater, Götter- und Dämonendarstellungen, magische, heilende Wesen, rituelle Feste, z.B. zu Lebensabschnitten und ihren Übergängen, etwa in der Initiation ...),
(b) *modernen* Maskierungen aus Beruf, Freizeit, Kunst und
(c) einer grenzenlosen *Fantasie*.

Maskenwesen könnten sein:

Pflanze (Blume, „Baumgeist"...), Tier (Elefant, Katze, Krake, Storch, „Nashornpapagei"...), Fabelwesen (Riese, Gnom, Elfe ...), Held (Superwoman, Herkules, Ritter, Polizist ...), Heiler (Medizinmann, Arzt ...), gute oder böse Wesen, Komödianten, Hexen, Außerirdische, Astronauten, Ungeheuer ...

Mögliche Maskenauftritte:

- 👁 Maskenumzüge, (– selbstbegleitet, mit Trommelgruppe oder mit Musik vom Band),
- 👁 Maskenspiele: Etwa Begegnungen gegensätzlicher Figuren (musikalisch begleitete Gefühle, Handlungen wie Begrüßung, Kennenlernen, Kampf, Hilfe, gefährliche Situationen, ...),
- 👁 Szenarien (z.B. „Im Wohnzimmer der Gruselfamilie"),
- 👁 Maskenauftritt und Präsentation von Figuren,
- 👁 Maskentanz.

Anregungen zu einem kleinen Maskenspiel: Der Kampf mit dem Ungeheuer

Handlungsrahmen

Ein riesiges Ungeheuer *(Maske mit langem Leib – s. linke Seite)* erwacht langsam in einer dunklen Ecke, richtet sich schwerfällig auf, geht suchend umher.
Ein kleines Kind, als Maus maskiert, tritt auf, erschrickt, flüchtet, findet ein *(Schaumstoff-)* Schwert, bekämpft das Ungeheuer, scheint zu verlieren,

gewinnt. Das Untier bricht zusammen, gebiert aus seinem Leib viele quirlige, lustige, rasselnde Maskenwesen *(kleine Gesichtsmasken)*. Diese sind befreit worden, sie freuen und bedanken sich, feiern ein Fest mit dem „Mauseheld" und tanzen.

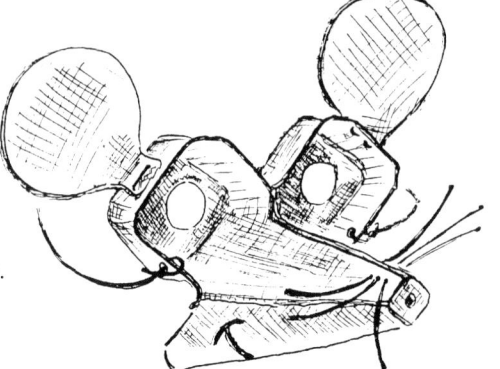

Musikalische Begleitung

a) Instrumente:

Gong, zur Eröffnung; große *Basstrommel* mit weichem Schlägel bespielt, für das Ungeheuer; kleine *Rahmentrommel* mit Fingern oder „Besen" bespielt, für die Maus; *Becken* für die Schwertschläge; *Congas*, *Djemben* o. Ä. (zusammen mit Bass- und Rahmentrommel) für Tanz und Fest.

b) Aufstellung des Trommelorchesters:

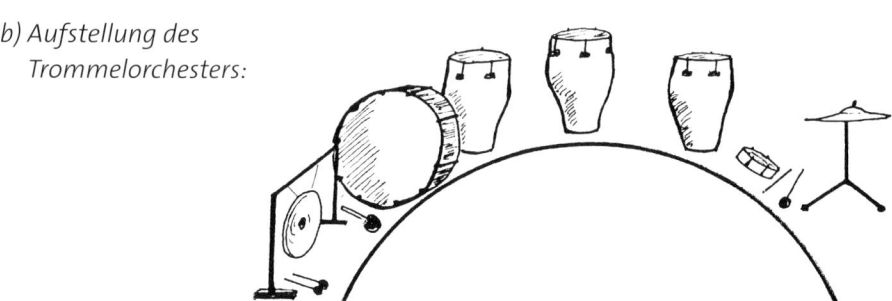

c) Musikalische Begleitung durch Trommeln:

Langsame und schnelle Einzelschläge für die Fortbewegung, den Kampf. Tiefe *(Ungeheuer)* und hohe Trommeltöne *(Maus)* auf tiefer/hoher Trommel. Leises *(Erwachen, Suche)* und lautes Spiel *(Flucht, Geburt, Fest)*. Schnelle Wirbel für den Auftritt der Maus, den Zusammenbruch des Ungeheuers.

Einfache Rhythmen für den Freudentanz

1. Conga, o. Ä.:

Worte	Hier	tanzt	ei	ne	Ra	sel	ban	de	wild		und		stür		misch
Schlag	x	x	x	x	x	x	x	x	x		x		x		x

2. Basstrommel:

Worte	mach			doch			mit			komm	und	
Schlag	x			x			x			x	x	

3. Rahmentrommel:

Worte	Ja		das	Mäus		chen		ist		ein		Held	
Klatsch	x		x	x		x		x		x		x	

e) Lied zum Fest:
„Widele, wedele, in dem Städele, gibt es heute ein Fest, ja!
Freut sich das Mäusele, tanzt das Läusele, schlägt ein jeder die Trommel!"

Tipps zur Vorbereitung eines Maskenspiels

- ◉ wichtige Bewegungsarten: Körperhaltung, Fortbewegung, Arm- und Kopfbewegung zum Charakter der Figur üben
- ◉ deutliche, wenn möglich langsame, konzentrierte Bewegungen machen
- ◉ Ausdrucksmöglichkeiten der Maske vor einem großen Spiegel probieren, sich selbst sehen, Stereotype überzeichnen (stark, schwach, böse, gut, traurig, freudig, stolz, ängstlich …)
- ◉ einfache stereotype Szenen, keine komplexe Geschichten darstellen, gegensätzliche Situationen aneinander reihen (einsames, einziges Wesen – Freudenfest, …)
- ◉ einfache Bühnen-/Raumdekorationen (Tücher, Pappe, Papier), besondere Lichtverhältnisse erleichtern das Einfinden in Szenarien (z.b. bei einem Hexentanz)

Tipps zum Maskenbau

- ◉ „Handmasken" – aus Metallküchensieben (15–50 cm), Metallgeflecht verformen; mit Zangen, Metallstiften die Konturen verfeinern; mit Stoffen, Wolle, Papier, Natur-, Abfallmaterialien bekleben, bemalen.

- *Gesichtsmasken* – aus zerschnittenen Eierpappen:
  Die Teile neu zusammenkleben; mit Fotokarton, Federn, Bänder ...
  erweitern, grundieren, bemalen; ein Gummiband anbringen. Tiefen
  und Höhen der Pappenform für Augen, Nasen, Hörner, Kinnspitzen,
  Hauer ..., verwenden; die Augenlöcher groß ausschneiden; die Seiten-
  teile für Ohren, Bärte, Kronen, Wangen benutzen.

- Dazu Umhänge/Kostüme herstellen, Körperbemalung (auch Instru-
  mentenmotive) überlegen und *Klangobjekte* (Glöckchen, Rasseln, Nussschalen, Blechteile ...) suchen, die am Körper (Fußknöchel, Armgelenke)
  und der Kleidung befestigt werden können. *Klangstäbe*, *Rasseln* u.a. in
  den Händen tragen; *Trommeln* umhängen und mit Schlegeln oder mit
  den Händen spielen.

- *Großmaske* – aus festem, dicken Karton (z.B. Versandkistenkarton),
  ca. 1 m ⌀ (siehe Abb. S. 144):
  Augenlöcher im oberen Drittel markieren, ausschneiden; Stoffstreifen
  als Haltegriffe auf halber Höhe einbinden; den Karton weiß grundieren
  und Gesichtskonturen aufzeichnen, – ausmalen; mit leichten Materialien, etwa Wolle, bekleben. Einen langen Leib aus großflächig bemalten
  oder gebatikten und zusammengenähten Bettlaken anfertigen. Dieses
  Tuch innen am äußeren Rand der Maske von einer „Kinnseite" zur anderen mit doppelseitigen Klebeband und Heftklammern befestigen.

7. Trommeln in Afrika

Ngoma

Inhalt: Die Bedeutung der Trommel in Afrika, – ausgewählte Aspekte

*„Die Trommeln dröhnen und die schwarze Jugend wirft Staub auf und tanzt vor
Lebensfreude, vor Übermut, vor Stolz. Man wetteifert und neckt sich gegensei-
tig und fordert alle heraus."*
(Okot p'Bitek, in: Tanzen zwischen Himmel und Hölle)

*Musik ist in Afrika das Normalste von der Welt, sie ist immer und überall dabei.
Für fast jeden denkbaren Anlass gibt es ein Lied, dazu einen Tanz und dafür
wurde dann ein Trommelrhythmus entwickelt. In vielen Teilen Afrikas werden
die Trommeln bei jedem wichtigen Ereignis im Leben eines Menschen gespielt:
Bei der Geburt, zum Erwachsenwerden, bei der Hochzeit und auch wenn
jemand gestorben ist.*

Natürlich wird in diesen Ländern auch getrommelt, wenn es Parties gibt, wenn man die reiche Ernte feiert oder bei religiösen Festen. In den Gegenden der Bantus wird die Trommel „Ngoma" genannt. Das bedeutet aber auch „Tanz". So eng ist das Trommeln und Tanzen verbunden. Fast jeder Clan hat dort einen eigenen Tanz, eigene Trommeln und eigene Trommelrhythmen. Ein guter Tänzer und ein guter Trommler sind im Dorf hoch angesehen Leute.
In manchen afrikanischen Kulturen glaubt man, dass in den Trommeln Geister wohnen. Einige fahren von dort in die Tänzer und wenn dann ein Tänzer ganz toll tanzt, sagt man: „Der Geist der Trommel tanzt selbst!"
Es gibt Trommeln „Dundun" (Talking drums) genannt, die können gar Geschichten erzählen. So soll schon mal ein Dundun-Spieler mithilfe seiner Trommel ein Bier bestellt haben. Riesige, bis zwei Meter lange Baumstamm-Trommeln (Schlitztrommeln) wurden früher auch als Buschtelegraph verwendet. Die konnte man tagsüber bis 8 km weit hören. So wurden Nachrichten von Ort zu Ort gesandt.
In afrikanischen Königreichen wurde das Auftreten und das Umherziehen des Königs von seinem eigenen Trommelorchester begleitet. In Uganda und Burundi wird die königliche Trommel sogar „Stimme des Königs" genannt. Wenn der König gestorben ist, dürfen diese Trommeln nicht mehr berührt werden.
Es gibt keine richtigen Trommelschulen für Kinder in Afrika, weil in vielen Regionen sowieso immer getrommelt wurde und wird. Kinder nehmen sich irgendwelche Gegenstände und trommeln einfach mit. Wenn jemand später mehr lernen will, geht er bei einem Meistertrommler in die Lehre.
Natürlich wird nicht überall in Afrika getrommelt. In manchen Ländern sind zum Beispiel die Saiteninstrumente oder die Holzxylophone die wichtigsten Instrumente der Musik.
Heutzutage wird in Afrika natürlich auch ganz moderne und elektronische Musik gemacht. Manchmal hört man auch darin noch eine Trommel klingen oder ein Schlagzeug oder elektronische drums, auf denen wunderschöne und energievolle Rhythmen gespielt werden.

 (Anregungen zur Weiterführung:
1. Gespräche führen über den Inhalt des Berichts, über eigene Erlebnisse, über weitere Informationen, mit Kindern und Erwachsenen aus Afrika, über Afrika-Klischees: Neger, Busch, Trommeln …
2. Spielerisch nachgestalten:
Trommeln und Tanzen, mit Trommeln reden, Trommelbotschaften senden, der Auftritt eines afrikanischen Königspaares mit Trommeln …
3. Afrikanische Musik hören
4. Afrikanische Trommeln und Trommelrhythmen kennen lernen)

Das Dorffest

Inhalt: Kindheitserlebnisbericht, Spielanregungen
Material: diverse Trommeln

Corinna Köbler hat ihre Kindheit mit ihren Eltern und ihrer Schwester in Afrika verbracht. Aus ihren Erinnerungen erzählt sie in zwei Geschichten über das Trommeln in afrikanischen Ländern (Würzburg, 1999).
In der Geschichte „Das Dorffest" berichtet Corinna, damals 5 Jahre alt, über ein Fest, bei dem getrommelt, getanzt und gesungen wird. Corinna, ihre Schwester und ihre Eltern sind als „Mzungu" („Weiße" – Kisuahili) oft bei solchen Festen dabei gewesen. Sie finden statt anlässlich einer Hochzeit, eines Erntefestes, eines Initiationsfestes und zu vielen anderen Gelegenheiten.

Togo / Ghana
(1970–76, „Kativu", ein Dorf in Togo, Lomé)

„Wenn ich an Trommeln denke, sehe ich Staub. Den roten Staub eines Dorfplatzes in der Sonne, den die vielen Füße der Tänzer aufwirbeln.

Wie alle Kinder stehen meine Schwester und ich ganz vorne im großen Kreis der Dorfleute. Sie reihen sich immer wieder einzeln in den kleinen Kreis derjenigen ein, die in der Mitte tanzen. Dort lassen sie sich tragen vom Gesang der Trommeln und der Musik der Lieder. Dann gehen sie wieder zurück in den Kreis der Umstehenden und schauen in Ruhe den Tanzenden und Trommelnden zu.

Sehen kann ich die Trommler mit den Trommeln nur, wenn die Tänzer eine Lücke lassen. Ganz oben beim Dorfältesten sitzen sie. Sie haben den besten Platz, sodass jeder den Meistertrommler bewundern kann. Je nachdem was für ein Lied dran ist, spielt er die Kpanlogos, die Djembé oder die Talking drum. Die Talking drum klemmt er sich unter den Arm, sie sieht aus wie eine Sanduhr mit Fellen oben und unten und dazwischen sind Lederriemen gespannt. Wenn er mit dem Arm die Trommel fester einklemmt, spannt sich das Fell noch mehr und die Trommel bekommt einen höheren Ton. Mit einem Stöckchen in seiner anderen Hand bringt er die Trommel zum „sprechen". Dabei stolziert er herum. Die Djembé ist die Kriegstrommel. Mit seinen Händen spielt der Trommler so laut auf der Trommel, dass man sich ducken muss und die Tänzer immer schneller werden bei ihrem Geschrei.
Auch die Glocken und die großen Calabash-Rasseln gehören zur Musik.
Es trommeln nur die Männer. Bei manchen Liedern singen die Dorfleute, oft singen nur die Frauen. Eine Frau singt vor, dann antworten alle anderen, manch-

mal auch die Männer. Wir Kinder klatschen dazu, manchmal tanzen wir auch ein bisschen. Aber man muss aufpassen, denn viele Leute sind betrunken vom selbstgebrannten Maisbier und schauen nicht, wo sie hintreten.

Wenn es uns reicht, – vor allem wegen der vielen Hände, die immer wieder unsere glatten Haare fühlen wollen, dann gehen wir zu den Frauen, wo auch unsere Mutter ist. In den Häuschen, die die Dorfleute extra für das Fest aus Holzstangen und Palmblättern gebaut haben, ist es kühl. Hier sitzen alle, die Durst haben und es stinkt nach Maisbier. Aber in der Ecke steht auch ein Wassereimer mit Flaschen. Weil wir Ehrengäste sind, bekommen wir Soda in der Flasche, die so kalt ist, dass es einem beim Trinken die Tränen in die Augen treibt.

Das Fest geht den ganzen Tag bis spät in die Nacht.
Die Trommeln singen uns, ohne selbst müde zu werden, in den Schlaf."

Fragen:
Wer scheint im Mittelpunkt des Festes zu sein? Die Sänger, Trommler oder die Tänzer?
Verschiedene Trommeln übernehmen verschiedene Aufgaben. Welche Aufgabe haben die Trommeln am Anfang der Geschichte? Was macht die Talking drum? Was geschieht, wenn die Djembé gespielt wird?
Was bedeutet der Titel „Meistertrommler"?
Welche öffentlichen Feste feiern wir in unserem Land und welche Instrumente/ Musik wird dann gespielt? Wo finden diese Feste statt?
Und wo tanzen dann die Leute? Wird dabei auch getrommelt?

Könnt ihr euch vorstellen von den Trommeln zum ausgelassenen Tanz gerufen zu werden und später sogar in den Schlaf gesungen zu werden?

Dazu ein *Spiel*:

a) Mit den Kindern wird ein afrikanisches Fest auf dem Dorfplatz nachgestellt. Alle stehen dabei im Kreis. In einem Teil des Kreises gibt es eine Reihe großer und kleiner Trommeln, die von einigen Kindern und der Spielleitung gespielt werden. Zum Spiel der Trommeln kommen immer wieder neu zwei bis drei Kinder in die Kreismitte, um ihre tollsten Tanzschritte und Bewegungen zu zeigen. Die übrigen Kinder klatschen einen gleichmäßigen Rhythmus dazu.

Das Klatschen und Trommeln kann auch folgendes afrikanisches Lied begleiten:

O u - la la - ka - mi, o u - la la - ka - mi,

o u - la la - ka - mi, shi ko - sé nyo ba nye - mi ak - wé.

b) Wenn alle müde sind, werden die Trommeln immer leiser gespielt. Die Kinder suchen sich einen angenehmen Platz im Raum und legen sich „schlafen". Die Trommel spielt so leise, wie es geht.

Warum sich der Löwe beim Laufen nicht umdreht

Inhalt: afrikanische Erzählung, Geräusche, Trommelspiel nach Trommelsprache
Material: Vogelstimmen, Korbrassel, Blätter, Kazoo, Basstrommel, Congas/
    Djemben o. Ä.

 (Zur Gestaltung dieser Geschichte bekommt jeder eine Trommel und ein Geräuschinstrument, das zu den vereinbarten Stichworten zu hören ist.)

In Afrika sagte eines Morgens der Vater zu seinem Sohn, dass er auf die Jagd gehen wolle. Sein Sohn fühlte sich schon erwachsen genug. Er wollte auch jagen. Doch der Vater bestimmte, dass er zu Hause bleiben müsse.
*Der Vater nahm Pfeil und Bogen und ging los. Der Sohn hielt es aber zu Hause nicht aus und folgte heimlich den Spuren seines Vaters in den **Busch**.*

(Vogelstimmen)

Dort stießen sie plötzlich aufeinander. Der Vater hatte gerade eine Antilope erlegt. Er sagte erzürnt, dass es im Busch für Kinder sehr gefährlich sei. „Wenn du glaubst, das du alt genug bist, geh los und hol Feuerholz," sagte der Vater daraufhin. Er wollte die Antilope braten.

*Der Sohn ging allein in den dicht **bewachsenen Busch**.*

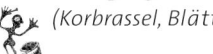 *(Korbrassel, Blätter)*

*und stolperte fast über einen schlafenden **Löwen**.*

 *(Trommelwirbel)*

*Bevor der Löwe aufspringen konnte, **schlug** der Junge mutig mit einem Holz **auf ihn ein**.*

 *(Basstrommel)*

Doch der Löwe war stärker. Er packte ihn mit seinen kräftigen Pfoten und band ihn fest. Dann trottete er zum Markt. Um diesen Leckerbissen wollte er sich später kümmern.

*Als der Junge dort so feinsäuberlich **geknebelt** lag*

 *(Kazoo leise)*

*zogen plötzlich stachelbewehrte **Skorpione*** vorbei. Kurz darauf kamen stolze **Hähne*** und danach einige schwarze **Mistkäfer***.*

(* auf Trommel imitieren)

Sie alle kümmerten sich nicht um den Jungen. Sie wollten eilig zum Markt und anschließend wieder zurück. Doch ein Käfer befreite den Jungen.

*Der Löwe brüllte vor **Wut***

(Kazoo laut)

als der sah, dass seine Beute befreit worden war. Er legte sich sofort am Wegrand auf die Lauer.

Die Skorpione kamen bald vom Markt zurück und ihre Trommeln dröhnten:

Nissa – nissa – palapala, nissa – nissa – palapala!

Der Löwe in seinem Versteck wiederholte den Trommelrhythmus ...

Nissa – nissa – palapala, nissa – nissa – palapala!

Er sprang dann hervor und stellte die Skorpione zur Rede. Weil aber die Skorpione beteuerten, dass sie mit der Sache nichts zu tun hätten, ließ der Löwe sie laufen.

Da kamen auch schon die Hähne mit ihren Trommeln vorbei.

Pandelagodu – pandelagodu – pandelago – !

Der Löwe trommelte auch diesen Rhythmus nach...

und stürzte hervor. Doch auch die Hähne hatten den Jungen nicht befreit.
„Dann haut ab,“ sagte der Löwe zerknirscht.
Schließlich kamen die Käfer vom Markt zurück. Ihre Trommeln klangen so:

Gengeleng dege gengeleng dege gengeleng!

Der Löwe in seinem Versteck antwortete:

Gengeleng dege gengeleng?

und sprang mit einem mächtigen Satz mitten unter die Käfer.

 (Die Rhythmen der Trommelsprache jeweils gemeinsam auf den Trommeln wiederholen.)

Der Käfer, der den Jungen befreit hatte, wusste sofort, warum der Löwe so wütend angriff. Er krabbelte so schnell er konnte in das Fell des Löwen und kitzelte ihn so sehr, das dieser umfiel. Dabei verrenkte er sich ganz gehörig seine Hüften. So schnell es ging machten sich die Käfer mit ihren Trommeln aus dem Staub. Wisst ihr nun warum sich der Löwe beim Laufen niemals umdreht?
Er hat sich damals beim Kampf mit dem Mistkäfer die Hüften verrenkt!³²

 (Die Tiere in der Geschichte verkörpern höher gestellte Persönlichkeiten, da sie mit ihren Trommeln unterwegs sind.)

8. Die Sage von Morgon-Kara

Morgon-Kara war ein sibirischer Schamane³³. Er war so mächtig, dass er alle Seelen retten konnte, sogar vor dem Himmel und der Hölle. Es kam also niemand mehr in den Himmel, weil Morgon-Kara jedermann heilte. Gott aber gefiel das nicht. „Den werde ich mir vorknöpfen“, sagte er. So nahm er die Seele einer Frau, tat sie in eine Flasche und verschloss sie mit seinem Daumen. Plötzlich aber hörte Gott eine Trommel schlagen, und durch das Himmelsloch kam Morgon-Kara auf seiner Trommel heraufgeritten. Er sah, dass Gott die Seele in der Flasche festhielt und verwandelte sich sofort in eine Mücke.
Warst du schon einmal in der Arktis? Da wird man von den Mücken geradezu aufgefressen. Und genau das machte sich Morgon-Kara zunutze. Er stach Gott in die Stirn, und der schrie: „Oh Gott!“ und nahm den Daumen von der Flasche. Morgon-Kara holte sich flugs die Seele der Frau und ritt zurück zur Erde. Kaum hatte Morgon-Kara die Frau dort unten gesund und munter heimgebracht, da schickte Gott ihm wütend einen Donnerkeil hinterher. Dieser spaltete die Trommel entzwei und darum hat die Trommel des Schamanen nur ein Fell.³⁴

IX. Nachspiel

„Rhythmus bewegt uns besonders stark. Solange unser Herz schlägt, leben wir, sobald es aufhört, sterben wir. Der Herzschlag unserer Mutter ist die erste Musik, der erste Rhythmus, den wir wahrnehmen, wenn wir noch in ihrem Bauch sind. Deshalb berühren uns vor allem Trommeln und die Stimme."

(Eugene Skeef, Drummer aus Südafrika und ein Jahr musikalischer Direktor des Pavarotti Zentrums in Mostar. Es bietet Musik, Trommeln und Tanz an als Hilfe zur Bewältigung von Kriegstraumata und auch als Möglichkeit, Wege der Versöhnung zu finden.
Aus: Musik zum Überleben, Zeit, 20.4.99)

Anhang

Literatur und Medien (Auswahl)

Bücher

Trommeln, allgemein:

- 👁 Töm Klöwer: Die Welten der Trommeln, Binkey Kok
- 👁 Michael Reimann: Ich lerne Trommeln, Schirmer (kl. Ringbuch, CD)
- 👁 Mickey Hart: Die magische Trommel, Goldmann (Bücherei)
- 👁 Layne Redmond: Frauen Trommeln, Sphinx
- 👁 Reinhard Flatischler: Die vergessene Macht des Rhythmus, Synthesis
- 👁 Peter Giger: Die Kunst des Rhythmus, Schott
- 👁 Hakim Ludin: Bongos und Congas – Lernprogramm, Musikverlag Karlsruhe
- 👁 Stefan Rigert: Djembeschule, Musikhaus Pan AG
- 👁 Yogas Glücklich: Das Trommelbuch, ISBN 3-9805451-0-5
- 👁 Rainer Redeker: Orff goes Latin, Persen Verlag (Rhythmen; CD)

Trommel-, Rhythmusspiele u.a.:

- 👁 Lilli Friedemann: Trommeln-Tanzen-Tönen, Universal Edition
- 👁 Matthias Schwabe: Musik spielend erfinden, Bärenreiter
- 👁 B. Tischler, R. Moroder-Tischler: Musik aktiv erleben, Diesterweg
- 👁 Wolfgang Meyberg: trommelnderweise, Grosser Bär
- 👁 Jürgen Zimmermann: Die Welt der Körperpercussion, Fidula
- 👁 Elisabeth Wagner: Orff-Instrumente kennenlernen, Don Bosco
- 👁 F. Hohberger, K. Kehr: Das große Tam-Tam, Altberliner (Mitmachbuch)
- 👁 D. Arnitz, C. Tomaschko: Und die Trommel schlägt den Takt, Südwest
- 👁 Musikmärchen aus aller Welt, „Glöckchen, Trommel, Zaubergeige", Patmos

Afrikanische Musik:

- 👁 B. Brugger, I. Blersch: Afrikanische Tänze und Rhythmen, arbor (Einführung und choreographische Anleitungen)
- 👁 G. Schreiber/P. Heilmann: Karibuni watoto – spielend Afrika entdecken, Ökotopia
- 👁 Graeme Ewens: Die Klänge Afrikas, Marino Verlag
- 👁 John Miller Chernoff: Rhythmen der Gemeinschaft, Trickster

👁 Famoudou Konaté, Thomas Ott: Rhythmen und Lieder aus Guinea (Buch & CD), Institut für Didaktik populärer Musik, Oldershausen, ISBN 3-930915-67-7

Brasilianische Musik:
👁 C. McGowan/R. Pessanha: The brazilian sound, hannibal
👁 Pinto/Tucci: Samba und Sambistas in Brasilien, Musikbogen 2, Buch + MC, ISBN 3-7959-0619-9

Cubanische Musik:
👁 H.C.Ospina: Salsa, – Havana Heat-Bronx Beat, Schmetterling Verlag
👁 Maya Roy: Buena Vista – Die Musik Kubas, Palmyra

Traditionelle australische Musik:
👁 David Lindner: Traumzeit, – das Geheimnis des Didgeridoo, Traumzeit Verlag, Buch + CD

Sonstiges

Tanz:
👁 Femke van Doorn Last: Die Welt tanzt, Kindertänze aus aller Welt, Kallmeyer'sche (Musik, Tanzbeschreibungen, Noten)

Musikinstrumentebau:
👁 Dorothee Kreusch-Jacob: Klangwerkstatt, Don Bosco
👁 Ulrich Martini: Musikinstrumente erfinden, bauen, spielen, Klett

Reime:
👁 Dorothee Kreusch-Jacob: Finger spielen, Hände tanzen, Don Bosco

Entspannung:
👁 Sylvia Lendner-Fischer: Bewegte Stille, Kösel
👁 „Streichelwiese", Kontakte Musikverlag

Indianer:
👁 J. Kronfli, P. Budde: Fliegende Feder, – indianische Kultur in Spielen, Liedern, Tänzen, Geschichten, Ökotopia
👁 J. Sommer: Oxmox ox mollox, – Kinder spielen Indianer, Ökotopia
👁 W. Waldmann, M. Zerbst: Tipi, Mokassin und Powwow, Indianerspielbuch, Kinderbuchverlag Luzern

Maskenspiel:
- 👁 M. Stimpfle, I. Gabler: Maskenfest und Mummenschanz, Südwest Verlag

Kochen:
- 👁 Stauffer, Taddei, Pulfer: Afrikanisch Kochen, Afrika Komitee Basel
- 👁 Heyne Länderküchen, Taschenbuch-Reihe
- 👁 E. Fischer: Vegetarische Spezialitäten aus aller Welt, Mosaik
- 👁 Verbraucher-Zentrale: Bärenstarke Kinderkost, ISBN 3-923214-54-5

Kinderspiele aus aller Welt, Kinderfeste:
- 👁 Femke van Doorn Last: Die Welt tanzt, Kindertänze aus aller Welt, Kallmeyer'sche
- 👁 A. Bartl: Fröhliche Feste mit Kindern, Südwest
- 👁 A. Brown: Kinderfeste – Kinderspiele, Loewe
- 👁 SOS-Kinderdorfmütter: Kinderspiele aus aller Welt, Falkenverlag
- 👁 K.W. Hoffmann: So singt und spielt man anderswo, Ravensburger
- 👁 Kinder dieser Welt, Geschichten und Berichte aus Lateinamerika, Verlag St. Gabriel
- 👁 B. Veit/H.O. Wiebus: Dritte Welt Buch für Kinder, Ravensburger
- 👁 Sam-Solidam, Zeitschrift für Kinder von 9-13, „Fremde Welten" Verein, Hedemannstr. 14, 10969 Berlin (mit Geschichten, Bildern, Berichten aus der „Einen Welt")

Discographie (sehr kleine Auswahl)

Trommelmusik Afrika
- 👁 Aja Addy, Mustapha Tettey Addy, Mamady Keita, diverse
- 👁 Famadoudou Konate, Rhythmen der Malinke, Museum Collection Berlin, CD 18
- 👁 Guem et Zaka Percussion, diverse
- 👁 The drummers of Burundi, realworld
- 👁 Doudou Ndiaye Rose, Djabote, realworld
- 👁 Fatala, Gongoma times, realworld
- 👁 Adzido, Akwaaba, ARC music

Indianer-Nordamerika
- 👁 Authentic Native American Music

Brasilien
- 👁 Dudu Tucci: Orishas
- 👁 Mestre Marcal: A increvel bateria
- 👁 Capoeira, Samba, Candomble/Bahia, Brasil

👁 Olodum/Timbalada, – diverse

Trinidad

👁 Steelband, Antigue & Trinidad, Playasound

Kuba

👁 Santeria, Grupo Oba-Ilu, Soul Jazz Records
👁 Afro-Cuba, Messidor Musik
👁 Cuba, afro-cuban songs and rhythms, Arion
👁 „Cuba – I am time", 4 CD's, 2001-Verlag

Australien

👁 Bushfire: Traditional Aborigines, Aquarius
👁 Nomad: Nomad, Austrilian Music International
👁 Yothu Yindi: Tribal Voice, Mushroom Records Australia

Indien

👁 John McLaughlin, Zakir Hussain, remember shakti

Japan

👁 Kodo, diverse
👁 Ondekoza, diverse

Sonstige

👁 The world of drums and percussion, cmp records (diverse moderne Trommelmusik)
👁 Terra nova, Mega drums, intuition („one world music")
👁 Les tambours du bronx, silence, nemo (moderne Trommelmusik auf Blechtonnen)

Meditationsmusik

👁 Meditation, acoustic feelings, (Klassik und Moderne), Delta-music
👁 Oase der Harmonie und Entspannung, Bell records
👁 G. Deuter, diverse: Cicada, Silence is the answer, Celebration, …
👁 Kitaro, diverse: Silk road, …
👁 George Winston: Autumn

Mittelaltermusik

👁 diverse aus der Reihe „Early Music . Alte Musik", NAXOS, z.B.:
👁 „Chominiciamento di giogia", virtuoso dance-music, NX8.553131
👁 Estampie, „Ondas", Red Moon, Musik von Toubadours und Flagellanten – modern

Kopiervorlagen

Instrumente

1. Bombo/Zabumba
(Cuba/Brasilien)

4. Darabuka
(Türkei/Nordafrika)

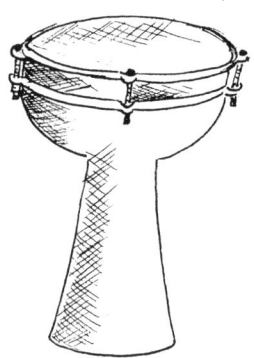

5. Djembé
(Guinea/Mali)

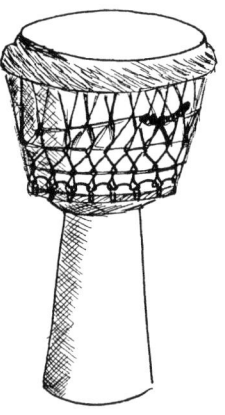

2. Bongo
(Cuba)

3. Conga
(international)

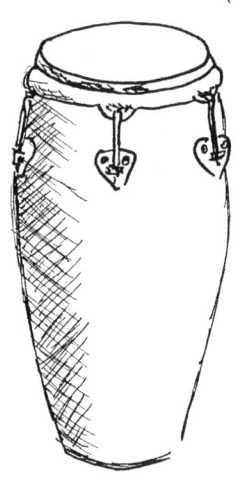

6. Doundoun/Sangbar/Kenkeni
(s. Djembé)

7. Große Trommel
(Europa)

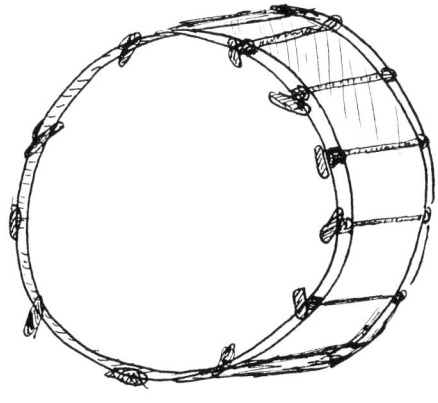

10. Pauke
(Europa)

8. Kleine Trommel (Snare)
(Europa)

11. Rahmentrommeln/Tambourine
– mit/ohne Schellen (international)

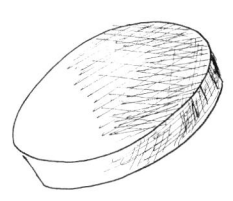

9. Kpanlogo
(Ghana)

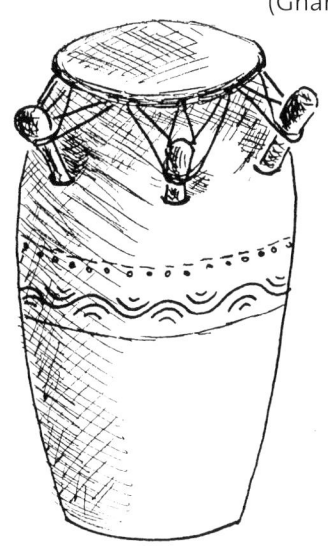

12. Steeldrum
(Jamaika)

13. Surdo
(Brasilien)

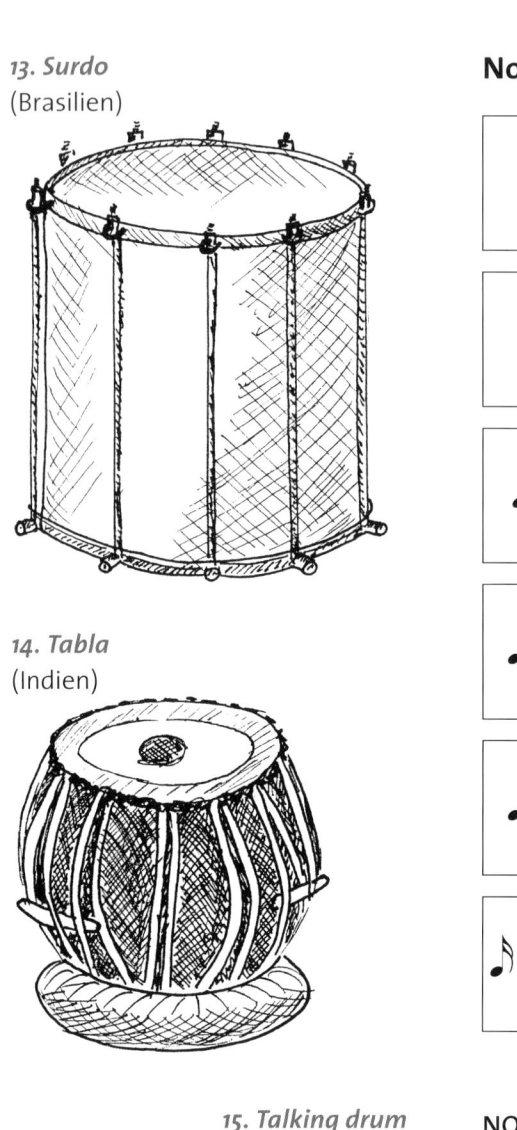

14. Tabla
(Indien)

15. Talking drum
(Nigeria)

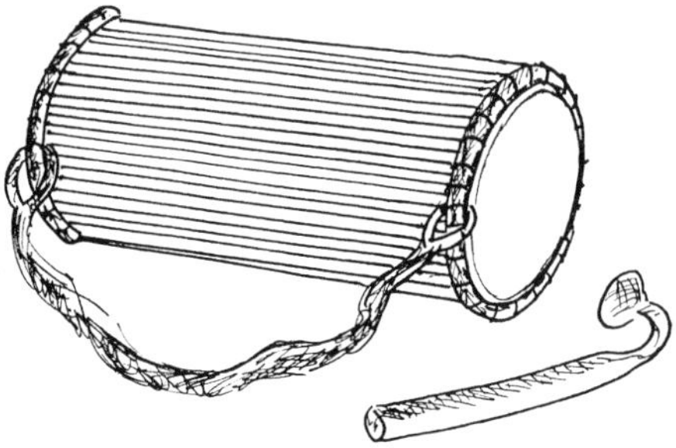

Notenwürfel

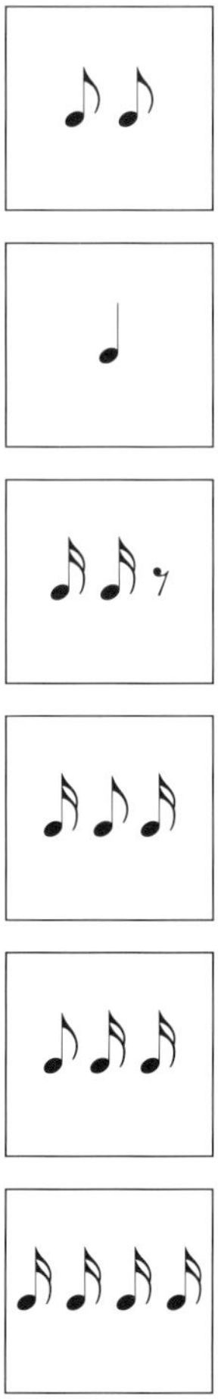

♪ ♪

♩

♪ ♪ ⁊

♪ ♪ ♪

♪ ♪ ♪

♪ ♪ ♪ ♪

NOTENWERTE: ♩ – Halbe

♩ – Viertel

♪ -Achtel

♪ – Sechzehntel

PAUSEN: ━ – Halbe

𝄽 – Viertel

⁊ – Achtel

⁊ – Sechzehntel

Planungsbogen

Geschichte:

Ziele/Inhalte:

Material:

Vorbereitungen:

Teil	Geschichte/Stichworte	Spiel/Lied/Anweisung	Instrum./Material

Fachbegriffe

Was ist eigentlich ...?

METRUM	– eine Folge von leichten und starken Betonungen
TAKT	– fasst eine Gruppe von Betonungen zusammen
PHRASE	– rhythmischer Baustein, Element eines fortlaufenden Rhythmus
OSTINATO	– beharrlich wiederkehrende rhythmische Einheit
POLYRHYTHMIK	– mehrere Rhythmen werden gleichzeitig gespielt
BEAT...	– regelmäßige Reihe von Schwerpunkten/Betonungen im Takt; Downbeat = schwere Pulse (4/4 hat 4 Downbeats), Up-/Offbeat = leichte Pulse
SYNKOPE	– die Betonung wird vom betonten Downbeat auf einen eigentlich unbetonten Taktteil verlagert
GROOVE	– eine fortlaufend fließende, swingende, rhythmische Musik
PERKUSSION	– Sammelbezeichnung für Trommeln, Klang-, Geräuschinstrumente
DRUM SET	– Schlagzeug mit den Instrumenten: BassDrum, Toms, Snare, Hi-hat, Becken, ...
SMALL PERCUSSION	– Sammelbegriff für kleine Trommeln, Klang- und Geräuschinstrumente
HAND TO HAND	– abwechselndes Spiel der Hände/Schlägel rechts und links

Register

Autor

Elmar Müller, Jahrgang '58, wohnhaft in Münster; Vater; Dipl. Sozialpädagoge: Jugend-, Erwachsenenbildung, Kulturpädagogik, Kinderzirkus; Autor; Mitglied und Leiter diverser Percussionsgruppen; musiktherapeutische Zusatzausbildung; selbständiger Musikpädagoge: Perkussions-Lehrer für Kinder und Erwachsene, Fortbildungsangebote zum Themenkreis: „Trommeln, Klang und Rhythmus in pädagogischer Arbeit".

Anfragen/Kontakt: Verlag oder Email (emueller@muenster.de)

Danksagung

Ich möchte mich an dieser Stelle ganz herzlich bedanken für die tatkräftige Unterstützung zur Erstellung dieses Buches:
bei meiner Lebenspartnerin Silke Maschning für viele Zeichnungen und ihre inhaltliche Hilfe und auch bei Reiner Borchert, Lucia Müller, Margret Jäger, Barbara Keizers, Werner Melles, Corinna Köbler und Lydia Leson. Nicht zuletzt möchte ich Dank sagen meinen Lehrern und Schülern, von denen ich viele Jahre sehr viel lernen konnte.

Fußnoten

1 Südindische Trommelsprache, zitiert in: Peter Giger, Die Kunst des Rhythmus, Schott

2 Trommelsprache aus dem afrikanischen Märchen: „Warum sich der Löwe beim Laufen nicht umdreht".

3 Jodler, ehemals Verständigung in den Alpen, aus „Fön", CD, Hubert von Goisern

4 Die moderne Radioteleskopie brachte die Erkenntnis, dass der Kosmos voller Klang, Sounds und Rhythmus ist, „ ... von Pulsaren und Quasaren, von Supernovae (explodierenden Sternen), von sogenannten „Roten Riesen" und „Weißen Zwergen" ... und auch von unserer eigenen Sonne." Die drei äußeren Planeten unseres Sternensystems etwa bilden die „Rhythmusgruppe" (Pluto spielt die „Basstrommel") des „sechsstimmigen Motettensatzes" der übrigen Planeten. (nach J-E. Behrendt, Nada Brahma; Kap.: Bevor wir die Musik machen, macht die Musik uns.)

5 (s. M.Hart)

6 Tom Klöwer: Die Welten der Trommeln

7 (Giger, S.9)

8 S. Virding, 1511 in „musica getutscht", zit. nach F. Jakob

9 nach L. Redmont: Frauen Trommeln, Sphinx

10 nach Otterbach: Schöne Musikinstrumente, Edition Atlantis

11 s. Kreisender Adler, singender Stern, – indianische Spiritualität, Herder, S.12/13

12 nach: „Es klappern die Mühlen"

13 Dorothèe Kreusch-Jacob

14 Finger spielen, Hände tanzen. D. Kreusch-Jacob.

15 Dorothèe Kreusch-Jacob, Das Liedmobil

16 Lexikon der afrikanischen Mythologie, Seehamer;

17 Die erste Trommel, in: „du", Nr. 1, '97

18 Einige weitere Trommeln und Klanginstrumente werden beschrieben in: Töm Klöwer, Die Welten der Trommeln, Binkey Kok Verlag; siehe auch Anhang S. 160f.

19 Anbieter u.a.: Fa. Schlagwerk, Klangobjekte, 73333 Gingen/Fils, Bahnhofstr. 42; Fa. Boing Klangkörper, 35452 Heuchelheim, Ludwig-Rinn-Str. 14–16 Fa. Allton, 34596 Bad Zwesten-Niederurff, Wiesenweg 1

20 Schamanen etwa tragen besondere Mäntel, die u.a. mit klingenden Metallplättchen behängt sind.

21 Idee: Musik u. Tanz für Kids, Schott

22 In: R. Kaiser: „Indianischer Sonnengesang", Herder

23 Musik z.B.: Bach, Largo aus Flötenkonzert in D-Moll

24 nach: Hofmann v. Fallersleben

25 nach: „Ein Mann der sich Kolumbus nannt."

26 Idee nach: Holthaus, Klangdörfer

27 Spielanregungen nach W. Meyberg, trommelnderweise

28 Escola de Samba „Beija flor"

29 übersetzt heißt das Wort „Menschen"

30 nach einem Volkslied.

31 nach einem Lied von M.G. Schneider, G. Bosse Verlag Regensburg, Bettelmusikant

32 nach einer Erzählung aus: Studien zur Kulturkunde 81, J. Zwernemann, „Erzählungen aus der westafrikanischen Savanne", Franz Steiner Verlag, Wiesbaden

33 Ein Schamane ist ein heiliger weiser Mann, sehr oft auch eine Frau (Schamanin). Schamanen haben ein großes Wissen darüber, wie man Menschen heilen kann. Mit

ihrer Trommel, einer großen Rahmentrommel, und mit Gesang und Tanz können sie Kontakt zu Geistern und Göttern bekommen und sie etwa um Rat fragen. Sie erleben diesen Kontakt, nachdem sie eine Reise in den „Himmel" gemacht haben. Dazu „reiten" sie auf ihrer Trommel, wie auf einem Zauberpferd. Schamanen gibt es in Nordasien noch heute.

[34] nach: M. Hart, Die magische Trommel, Goldmann; Sage der Buriat, Irkutsk, Sibirien